Luftbildatlas
Berliner Innenstadt
Karten, Pläne und Fotos

Luftbildatlas
Berliner Innenstadt

Karten, Pläne und Fotos

Cornelia Dörries (Texte)
Philipp Meuser (Fotos)

Inhalt

Berlin von oben
Im Flug durch die Geschichte der Luftbildfotografie ... 6

Memhardt-Plan, 1652 ... 8
Stadtplan, 1685 ... 10
Stadtansicht aus der Vogelschau, 1701 ... 12
Selter-Plan, 1804 ... 14
Liebenow-Plan, 1867 ... 16
Nord-Süd-Achse, 1940 ... 18
Kollektivplan, 1946 ... 20
Überlagerungsplan 1940/1989 ... 22
Innenstadtmodell, ab 1991 ... 24
Dreidimensionaler Innenstadtplan, ab 1996 ... 26
Historisches Zentrum, 2008 ... 28

Altstadt/Alt-Berlin ... 30
Spreeinsel/Alt-Cölln ... 38
Zentrum Alexanderplatz ... 48
Zentrum Zoo ... 54
Friedrichstadt ... 60
Karl-Marx-Allee ... 78
Ostbahnhof/Osthafen ... 84
Potsdamer Platz/Leipziger Platz ... 92
Spandauer Vorstadt ... 106
Spreebogen ... 116
Tiergarten ... 126

Impressum ... 144

Berlin von oben
Im Flug durch die Geschichte der Luftbildfotografie

Cornelia Dörries

Von oben sieht die Welt ganz anders aus. So klein, so anschaulich und begreifbar. Die Sicht von oben ist der Herrscherblick par excellence, die göttliche Perspektive. Ihrer Faszination erlagen die Menschen schon mit dem Turmbau von Babel, als sie dem Allmächtigen nahekommen wollten und sich über ihre kleine Welt erhoben. Der Turm wurde bekanntlich nie vollendet, doch selbst von seinem Rumpf aus muss der Ausblick sehr schön gewesen sein. Jedenfalls wurden auch danach die Burgen und Schlösser der Menschheit immer gern auf Hügeln und Anhöhen errichtet, von denen die Herren eine weite Sicht über das Land hatten. Ihnen ging es weniger um ein Belvedere als vielmehr um strategische Vorteile gegenüber anrückenden Feinden. Denn die ästhetisierende, romantische Vogelperspektive spielte bei der Entwicklung der Luftbilder, um die es hier geht, eigentlich gar keine Rolle.

Die erste klassische Luftaufnahme einer Stadt entstand 1858 in Paris. Sechs Jahre nach dem ersten motorisierten Ballonflug der Geschichte fotografierte der Franzose Gaspard-Félix Tournachon (1820–1910) von einem Riesenballon aus seine Stadt und begründete damit die Disziplin der Aerofotografie, die anfangs – wenig verwunderlich – vor allem vom Militär genutzt wurde. Dank der Erfindung lenkbarer Luftschiffe und Motorflugzeuge Anfang des 20. Jahrhunderts war es möglich, ganze Landstriche, Flussläufe und Grenzziehungen mithilfe der Luftbildfotografie neu zu kartieren. Doch nicht nur das Militär, auch andere Disziplinen profitierten von dieser neuen Art der Vermessung der Welt. Vor allem in der Archäologie ließ sich der unverstellte Blick von oben auf die Erde nutzen: Die von den Jahrtausenden überformten antiken Siedlungsanlagen, Straßen- und Wegesysteme wären ohne distanzierte Draufsicht oft gar nicht erkennbar. Für diese präzisen Darstellungen und Kartierungen ist die Technik der sogenannten Nadiraufnahme erforderlich, bei der die optische Achse lotrecht auf die Erdoberfläche trifft. Bei einem optischen Winkel bis zu 60 Grad entstehen Schrägbilder, bei bis zu 90 Grad sogenannte Flachbilder, die immer auch den Horizont zeigen. Während letztere Art der Aufnahme meist für atmosphärische Sequenzen in Filmen, für Werbezwecke oder Kunstfotografien verwendet wird, lassen sich die Schrägluftaufnahmen sehr gut zur Visualisierung topografischer und städtebaulicher Zusammenhänge nutzen. Sie sind deshalb besonders beliebt bei Geografen, Stadtplanern und Architekten, die sie mitunter als Instrument ihrer täglichen Arbeit nutzen. Anders als die vom leblosen, anonymen Maschinenauge einer Satellitenkamera erstellten Bilder werden sie meist von einer sehenden, wissenden Person fotografiert, die nicht nur die optimale Brennweite einstellt, sondern nach Zusammenhängen sucht, nach Blickwinkeln Ausschau hält und aussagekräftige Perspektiven einfängt. Und das unterscheidet diese handgemachten Luftbilder auch von jenen militärisch kalten Belichtungen unserer Erdoberfläche, die mittlerweile an jedem Heimcomputer abrufbar sind oder über die Bildschirme der abendlichen Nachrichtensendungen flimmern.

Doch die Luftbildfotografie auf eine rein technische Disziplin zu reduzieren wäre vermessen. Vielmehr handelt es sich um eine nicht unbedeutende Sparte der Fotografie und kann für sich Kreativität beanspruchen. Und wie jede Kunstform hat auch die Luftbildfotografie ihre Klassiker. Zu ihnen gehört neben dem Begründer der Aerophotogrammetrie (Vermessung und Kartografie mithilfe von Luftaufnahmen), dem Österreicher Theodor Scheimpflug (1865–1911), zweifellos auch der Schweizer

Georg Gerster (geb. 1928) mit seinem 1968 erschienenen Standardwerk *Die Welt rettet Abu Simbel* (Verlag A. F. Koska, Wien/Berlin). Die wohl populärsten und spektakulärsten Luftaufnahmen von unserem Planeten stammen von dem Franzosen Yann Arthus-Bertrand (geb. 1946), der mit dem 1999 in Deutschland erschienenen Bestseller *Die Erde von oben* (Verlag Frederking & Thaler, München) und einer gleichnamigen Ausstellung die erste enzyklopädische Übersicht für eine breite Öffentlichkeit lieferte. Während die internationale Luftbildfotografie schon frühzeitig über den engen Bereich militärischer und wissenschaftlicher Nutzung hinauswuchs und zu einem populären Genre wurde, blieb sie im geteilten Deutschland auf beiden Seiten der Mauer eine streng reglementierte Angelegenheit. Besonders sensibel war die Situation in Berlin, einer Stadt, die mit militärischen Anlagen geradezu gespickt war. In den Jahren des Kalten Kriegs war jede Art von Luftbildfotografie entweder strengstens verboten wie im Osten oder mit vielen Restriktionen verbunden wie im Westteil: Den Statthaltern des Realsozialismus war bange um die Geheimnisse ihres martialischen Grenzregimes, der Westen fürchtete mindestens Spionage.

Erst seit dem Fall der Mauer 1989 ist es möglich, Berlin als ganzen Stadtkörper zu betrachten; nicht nur aus der Luft. Zwar steht es in Deutschland nach wie vor unter Strafe, Fotos von militärischen Anlagen anzufertigen und zu veröffentlichen, doch für zivile Luftaufnahmen ist seit 1990 keine spezielle Genehmigung der jeweiligen Landesbehörde mehr erforderlich. Folglich ist seit einigen Jahren eine regelrechte Flut von Publikationen erschienen, die unser Land aus der Vogelperspektive zeigen – als sei die Disziplin gerade erst erfunden worden. In Berlin hat der Fotograf Jürgen Hohmuth (geb. 1960) mit einer außergewöhnlichen Aufnahmetechnik auf sich aufmerksam gemacht. Mithilfe eines Mini-Luftschiffs lässt er seine Kamera bis zu 100 Meter in die Höhe steigen, um ungewöhnliche Perspektiven einzufangen, die weder von den Dächern der Hochhäuser noch von Helikoptern im Bild festgehalten werden können. Bei herkömmlichen Fotoflügen fordern die zuständigen Behörden eine Mindestflughöhe von 500 Fuß, was etwa 150 bis 170 Metern entspricht. Zum Vergleich: Berlins höchstes Bürogebäude, die *Treptowers*, erreichen eine Höhe von 125 Metern. In besonders gefährdeten Bereichen wie etwa dem Regierungsviertel im Spreebogen müssen in der Regel sogar 1.000 Fuß (etwa 300 Meter) als Mindestflughöhe eingehalten werden. Dies entspricht der Höhe des Berliner Fernsehturms.

Der vorliegende Luftbildatlas vom Zentrum der Hauptstadt Deutschlands zeigt nicht nur über 100 Berliner Orte aus der Vogelperspektive. Die Publikation dokumentiert zugleich das Zusammenwachsen von Ost und West nunmehr 20 Jahre nach dem Mauerfall. Und man staunt: so viele Baustellen, immer noch. So viel Neues, in so kurzer Zeit. Robust, vielfältig, nicht immer schön, doch interessant allemal – so sieht die Hauptstadt von oben aus. In elf Kapiteln präsentiert sich die Innenstadt von Berlin. Das Gebiet umfasst den Alexanderplatz im Osten und den Tiergarten im Westen. Topografisch entspricht dieser Ausschnitt in etwa dem Verwaltungsbezirk Mitte. Bei der Auswahl ging es aber vor allem um städtebauliche Zusammenhänge, um Wegebeziehungen, kurz: um eine einfache Lesbarkeit der Stadt. Die jeweiligen Ausschnitte aus der offiziellen Stadtkarte sollen eine zusätzliche Orientierungshilfe geben. Denn von oben betrachtet erscheint vieles zwar übersichtlicher, manchmal fehlen jedoch gewohnte Blicke aus der Straßenperspektive. Aus 200 Metern Höhe sind die Wunden, die Berlin durch Krieg, Mauerbau und moderne Stadtplanung zugefügt wurden, immer noch deutlich erkennbar. Die vielen unbebauten Flächen aus märkischem Sand erinnern daher nicht nur der Farbe wegen an Heftpflaster. Das alles wirkt aus der Vogelperspektive so eindrücklich und überraschend, dass man sich verwundert die Augen reibt: Ist das wirklich die Stadt, die man zu kennen glaubt? Was dem Passanten als öde Leere erscheinen mag, wirkt von oben wie eine luftige, planvoll arrangierte Grünfläche; ein verwirrendes Straßengeflecht erscheint erst aus der Distanz als logische Struktur. Die Schrägbildaufnahmen decken städtebauliche Zusammenhänge auf, die man als Fußgänger entweder nicht erfassen kann oder schon vergessen hat. Es bleibt eben alles eine Frage der Perspektive. Die von oben ist mit Sicherheit die Erhabenste.

1652

Eine der ersten und zugleich bedeutendsten Darstellungen der mittelalterlichen Residenzstadt stammt von Johann Gregor Memhardt (1607–1678). Sein Plan zeigt die Doppelstadt an der Spree kurz nach dem Ende des Dreißigjährigen Kriegs. Der zu dieser Zeit regierende Kurfürst Friedrich Wilhelm I. hatte bei seinem Amtsantritt im Jahr 1640 ein verarmtes, von Brandschatzungen und Zerstörungen heimgesuchtes Gemeinwesen übernommen, dessen durch Kriegsfolgen und Krankheiten halbierte Einwohnerschaft nur mehr 6.000 Menschen zählte, die in weitgehend verwüsteten, zumeist hölzernen Behausungen lebten. Friedrich Wilhelm I. verfügte ein umfangreiches Aufbau- und Modernisierungsprogramm, zu dem nicht nur repräsentative Erweiterungen im Schlossbereich gehörten, sondern auch der Bau gepflasterter Straßen und Steinhäuser. Er bestellte Memhardt im Jahr 1641 zum »kurfürstlichen Ingenieur-Architekten«, der für die Planung und Leitung zahlreicher Neubauvorhaben zuständig war und außerdem die Konzeption und Errichtung einer für die damalige Zeit modernen Stadtbefestigung betreute. Zu diesem Zwecke nahm Memhardt erstmals eine präzise Vermessung der Stadt vor. Sein Plan dokumentiert den Grundriss von Berlin-Cölln im Maßstab 1:5.100; eingezeichnet sind neben dem Schloss, dem Lustgarten und dem daran anschließenden Wasser- und Küchengarten außerdem die Rathäuser von Cölln und Berlin sowie die Kirchen der Stadt. Gut zu erkennen ist nicht nur die barocke Gestaltung der direkten Umgebung des kurfürstlichen Schlosses, sondern auch die von Luise Henriette von Oranien, der Gattin des Kurfürsten, angelegte sogenannte Baumgalerie, aus der später die Straße Unter den Linden hervorgehen sollte.

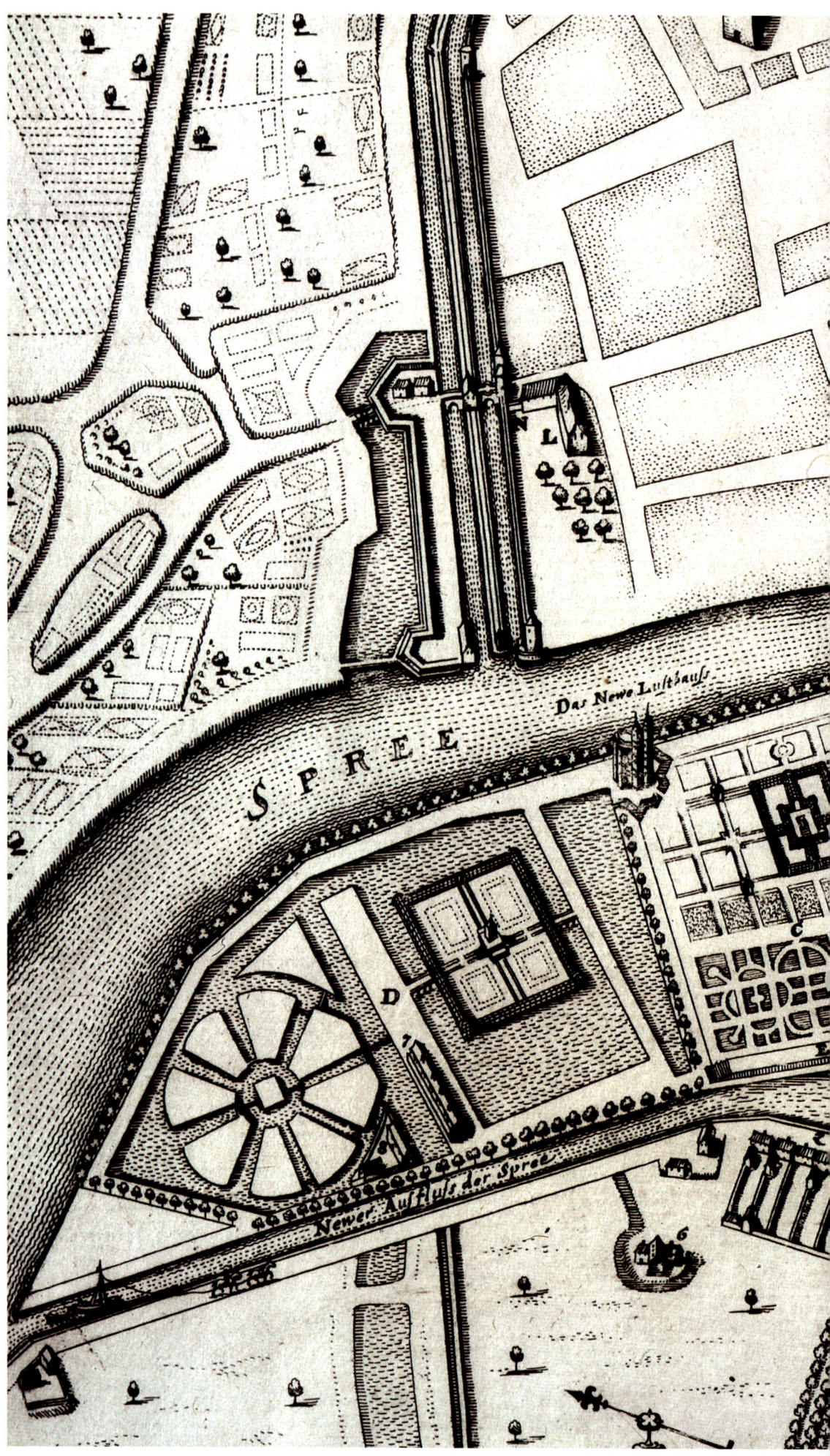

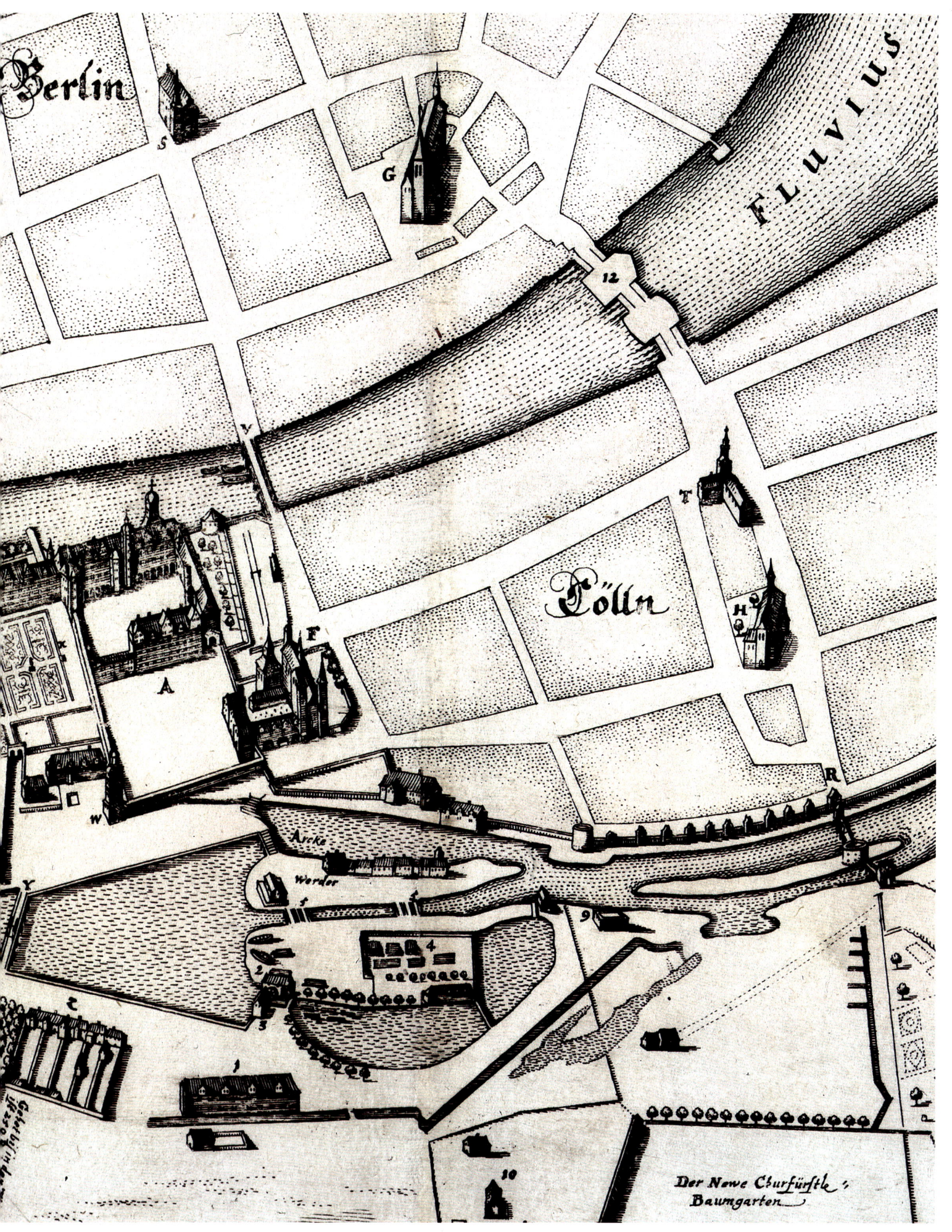

1685

Der Vogelschauplan des aus Frankreich stammenden Ingenieurs La Vigne zeigt die von einer robusten Festungsanlage umgebene Residenzstadt Berlin-Cölln im Jahr 1685, mithin am Ende der erfolgreichen Regierungszeit von Friedrich Wilhelm I., genannt der »Große Kurfürst«. Unter seiner 1640–1688 währenden Regentschaft wandelte sich das von Krieg, Plünderungen, Seuchen und Verelendung gezeichnete rückständige Berlin-Cölln von einer mittelalterlichen, unzureichend gesicherten Gemeinde in eine befestigte Residenzstadt. Neben zahlreichen infrastrukturellen und baulichen Verbesserungen im Stadtgebiet selbst zählt die 1658–1683 errichtete Stadtmauer zu den für die städtische Entwicklung Berlins strategisch wichtigsten Bauten jener Zeit. Ihr Verlauf lässt sich zum Teil bis heute im Stadtbild ablesen; etliche Plätze und Straßen im heutigen Bezirk Mitte haben sich entlang dieser fortifikatorischen Strukturen aus dem 17. Jahrhundert herausgebildet oder zeichnen sie nach.

Der Plan veranschaulicht nicht nur den Straßenverlauf und die Lage wichtiger Plätze und Gebäude im Inneren; er zeigt die Stadt auch als eine kompakte, nach außen klar abgegrenzte Einheit und gibt detailliert Auskunft über die Beschaffenheit der für die wirtschaftliche und soziale Gesundung und Weiterentwicklung der Stadt so bedeutsamen Festungsanlage. Das sternförmige Bauwerk wurde nach dem in Holland bewährten Modell angelegt: Der Aushub eines umlaufenden Flutgrabens diente zur Aufschüttung der ringartigen Wallanlage, die mit 13 befestigten, in gleichmäßigem Abstand angeordneten Bastionen versehen war. Zum Zeitpunkt ihrer Fertigstellung verfügte die Stadtmauer über sechs Tore.

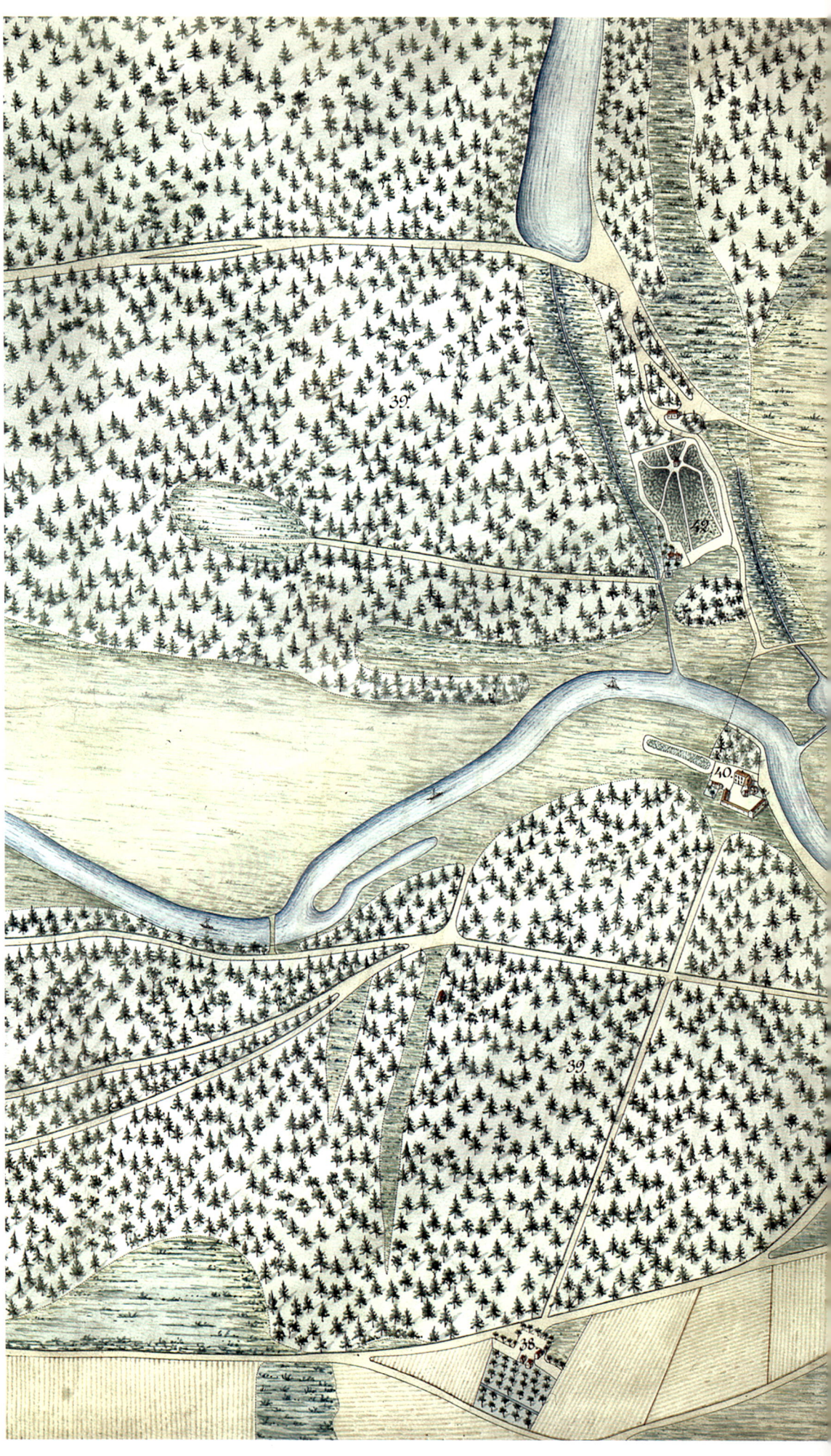

1701

Der Stich des holländischen Zeichners Peter Schenk zeigt die Doppelstadt Berlin-Cölln kurz vor der Selbstkrönung des brandenburgischen Kurfürsten Friedrich III. zu König Friedrich I. in Preußen im Jahr 1701. Anders als der Plan von Memhardt gibt die Darstellung keine Auskunft über die Ausdehnung und den Grundriss der Stadt, veranschaulicht jedoch das barock geprägte Antlitz insbesondere der repräsentativen Platzanlagen. Innerhalb der Stadtmauern lebten zu diesem Zeitpunkt etwa 21.000 Menschen. Auch die Vorstädte erfuhren ein rasantes Bevölkerungswachstum, vor allem dank der Zuwanderung von aus Frankreich vertriebenen Hugenotten. Diese siedelten bevorzugt in der von Baumeister Arnold Nering neu angelegten Friedrichstadt südlich der eigentlichen Stadtgrenze, wo bis heute die Französische Straße an diese Epoche erinnert. Neben solchen stadträumlichen Erweiterungen entstanden in jenen Jahren auch bedeutende repräsentative Gebäude wie das auf dem Plan gut zu erkennende Zeughaus, die Parochialkirche und das Große Friedrichs-Hospital. Für die prachtvolle Umgestaltung und Erweiterung des Schlosses wurde der Architekt Andreas Schlüter verpflichtet, der das Gebäude nach dem Vorbild des römischen Barock umbaute und ergänzte. 1709 wurden die Stadtteile Berlin, Cölln, Friedrichswerder, Dorotheenstadt und Friedrichstadt zur »Königlichen Haupt- und Residenzstadt Berlin« vereinigt.
Der erfolgreichen wirtschaftlichen Entwicklung folgte schließlich auch ein maßgeblich von Königin Sophie Charlotte beförderter kultureller Aufschwung, der die Stadt über die Region hinaus bekannt werden ließ. Nach Sophie Charlotte wurde ein um 1700 entstandenes sommerliches Lustschloss im westlich von Berlin gelegenen Lietzenburg benannt, das heutige Schloss Charlottenburg.

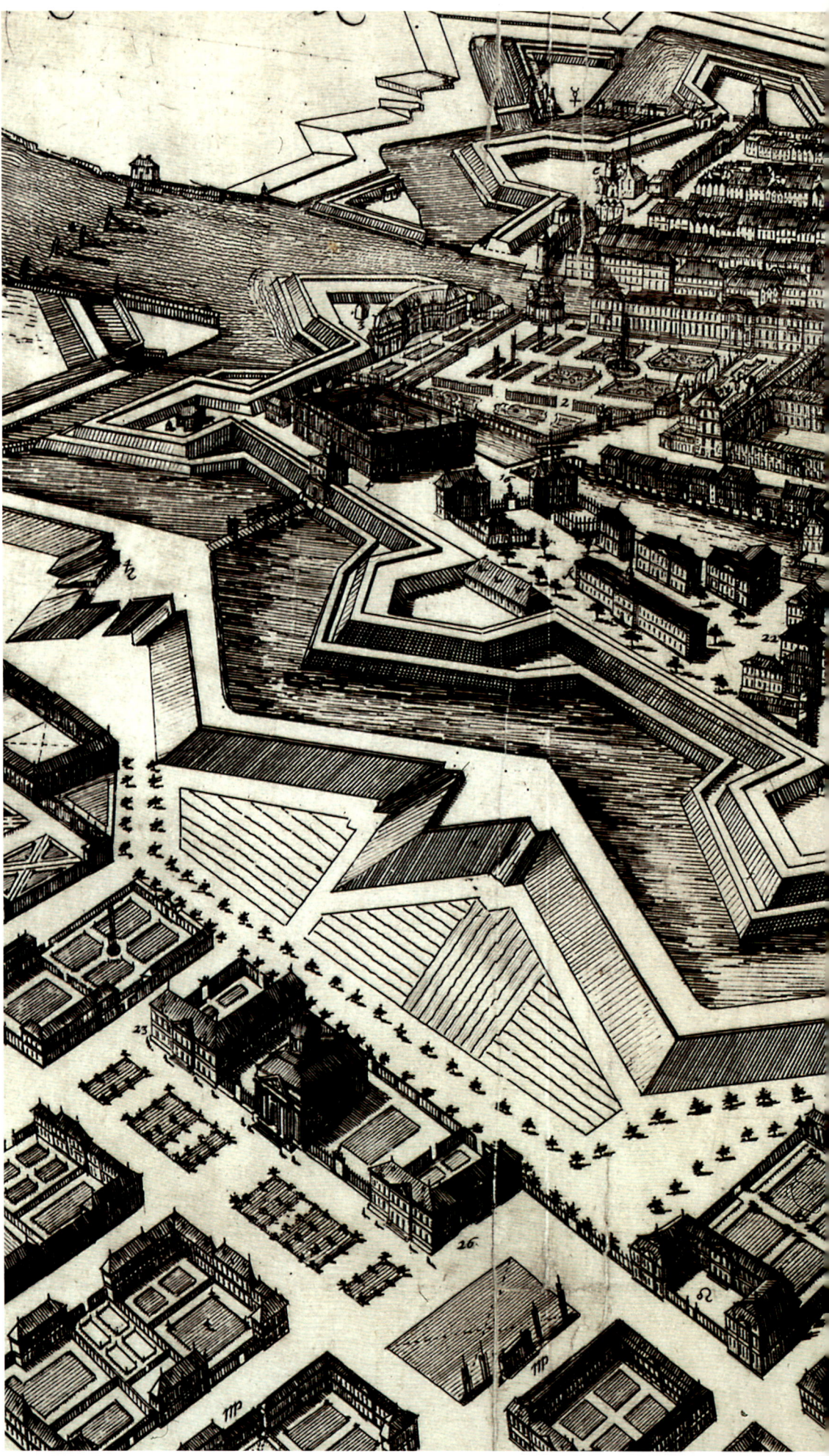

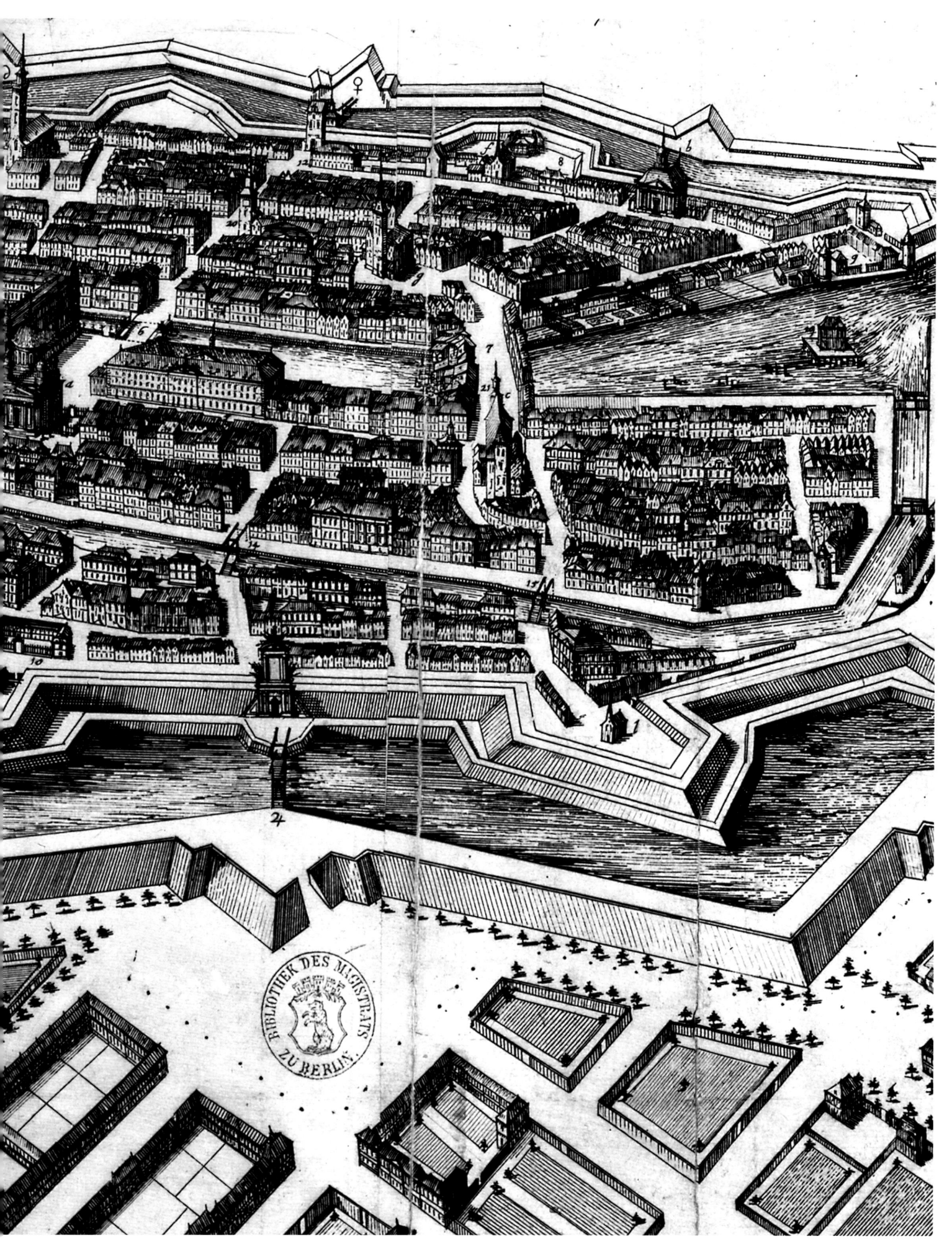

1804

Der kolorierte Stadtplan von J. C. Selter zeigt Berlin zu Beginn des 19. Jahrhunderts. Dank des anhaltenden Bevölkerungswachstums und der guten wirtschaftlichen Entwicklung war die Zahl der Einwohner zu diesem Zeitpunkt auf über 170.000 gestiegen, im Stadtgebiet wurden 72.000 Gebäude gezählt. Deutlich sichtbar ist auf dem Plan von 1804 nicht nur die räumliche Expansion, sondern auch die historisch differenzierte Stadtstruktur im Inneren. Das orthogonale Raster der barocken Stadterweiterungen lässt sich gut von der unregelmäßigen Straßenführung der östlich anschließenden mittelalterlichen Quartiere unterscheiden. Die wehrhafte Stadtbefestigung aus dem 17. Jahrhundert wurde bis 1737 sukzessive abgetragen. Auch einzelne bauliche Veränderungen sind ablesbar, die unter dem 1713–1740 regierenden König Friedrich Wilhelm I. begannen und ihren Höhepunkt unter der Regentschaft seines Sohnes, König Friedrich II., erreichten. Der als »Soldatenkönig« geschmähte Friedrich Wilhelm I. ließ nicht nur die allzu bescheidenen protestantischen Kirchen verschönern, sondern mühte sich auch um den repräsentativen Ausbau neuer Quartiere entlang der Wilhelmstraße. Den größten Einfluss auf die Gestaltung seiner Residenzstadt nahm jedoch der 1740–1786 regierende Friedrich II. Zusammen mit seinem Hofarchitekten Knobelsdorff entwickelte er den Plan für ein glanzvolles architektonisches Ensemble: das Forum Fridericianum mit Opernhaus, St. Hedwigs-Kathedrale, Prinz-Heinrich-Palais und Königlicher Bibliothek. Außerdem ließ er die alte Dominikanerkirche am Schloss abreißen und an ihrer Stelle einen barocken Dom nach Plänen des Architekten Boumann errichten, gab den Bau eines Komödienhauses auf dem Gendarmenmarkt in Auftrag und verfügte die Umgestaltung des Tiergartens zu einem Lustgarten nach französischem Vorbild.

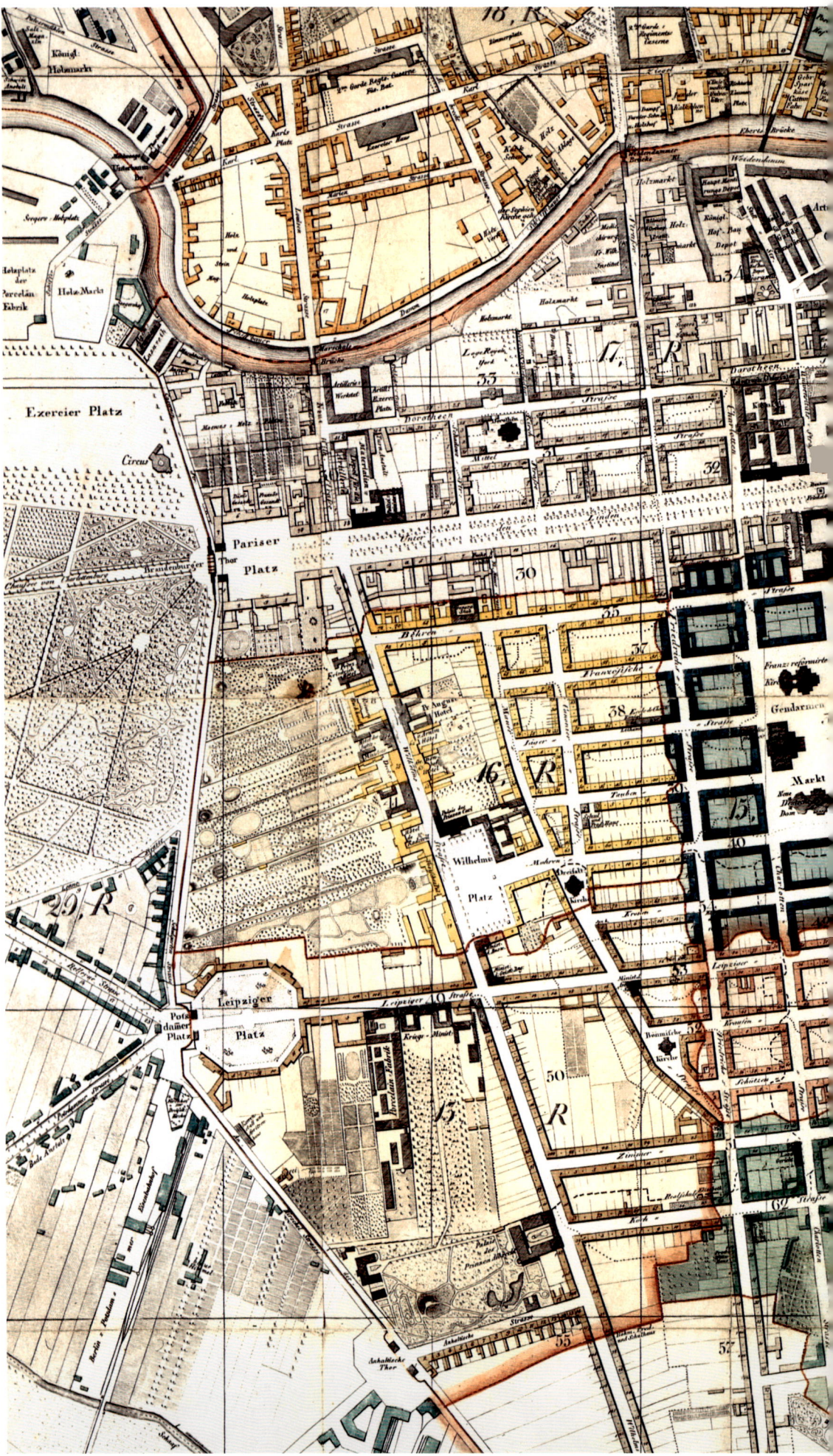

1867

Berlin am Vorabend der Gründung des Deutschen Reichs. Durch die Eingemeindung der Vorstädte Wedding, Gesundbrunnen, Moabit sowie von Teilen von Charlottenburg, Schöneberg, Tempelhof und Rixdorf ist die Einwohnerzahl der Stadt auf mehr als 550.000 gestiegen; das Stadtgebiet umfasst nun eine Fläche von 59 Quadratkilometern. Die aufkommende Industrialisierung sowie die Anbindung Berlins an das noch junge Eisenbahnnetz haben zu einem rasanten Wirtschafts- und Bevölkerungswachstum geführt, das insbesondere die Stadtgebiete außerhalb des historischen Zentrums überformt hat.
Der detaillierte Stadtplan von Wilhelm Liebenow aus dem Jahr 1867 zeigt das Nebeneinander von mittelalterlichen Strukturen und ersten, unübersehbaren Vorboten der neuen Zeit. Während für die zuwandernden Arbeitskräfte schon 1824 die ersten Mietskasernen in der Nähe des Hamburger Tores entstanden waren und im Norden der Stadt die Fabriken von Borsig, Siemens, Schering und Schwartzkopff eröffnet wurden, war der Alexanderplatz noch durch den mittelalterlichen Festungsgraben von der Innenstadt getrennt. Erst im Zuge der 1875 beginnenden Errichtung der Stadtbahn wurden auch diese letzten Reste der historischen Wallanlage beseitigt, die in dem Bereich bis heute noch etwas von ihrer ursprünglichen Form erahnen lässt.
Das Zentrum Berlins zeigt sich als dichtes, kompaktes Gefüge mit gewachsenen und gefestigten Strukturen: Haupt- und Nebenstraßen, Plätze und Blöcke bilden ein wiedererkennbares Muster, dem auch einzelne bauliche Veränderungen nur schwer etwas anhaben können. Das im Barock geprägte, überlieferte Bild des sich zur modernen City entwickelnden Zentrums wird allenfalls ergänzt. Gut ablesbar sind die einzelnen städtischen Quartiere: die kleinteiligen, verwinkelten Altstadtviertel auf der Spreeinsel, das strenge Blockraster der barocken Stadterweiterungen, die großzügigen Adelspalais am westlichen Rand entlang der Wilhelmstraße sowie der repräsentative Bereich rund um das Schloss mit Lustgarten, Forum Fridericianum und der Straße Unter den Linden.

1940

Mit der Machtübernahme der Nazis im Jahr 1933 wurde Berlin nicht nur zur Hauptstadt einer totalitären Diktatur, sondern auch zur Projektionsfläche für die Weltmachtfantasien der Nationalsozialisten. Berlin sollte auf Wunsch Adolf Hitlers umgebaut werden. Mit den Planungen wurde der 1936 zum Generalbauinspektor ernannte Architekt Albert Speer beauftragt. Das Herzstück seines Entwurfs war eine Nord-Süd-Achse, die sich mit ihrer schieren Größe und Monumentalität über die gesamte historisch gewachsene Stadt erheben und in ihrer ausufernden Maßstäblichkeit dem Herrschaftsanspruch der Machthaber einen architektonischen Ausdruck verleihen sollte. Den nördlichen Abschluss der in die historische städtische Textur getriebenen Schneise bildete die Große Halle, ein 290 Meter hoher Kuppelbau mit Platz für gut 180.000 Menschen. Vor der Halle sollte sich ein von Repräsentationsgebäuden gerahmter riesiger Platz für Aufmärsche und Kundgebungen erstrecken. Entlang der baumbestandenen Achse waren monumentale Bauten geplant: Ministerien, Verwaltungsgebäude, Museen, Ruhmeshallen. Ein dem Pariser Vorbild nachempfundener, jedoch ungleich größerer Triumphbogen sollte den prägnanten Übergang zum südlichen Teil der Achse markieren, deren Ende ein neuer, nicht minder monumentaler Großbahnhof bildete. Auch wenn die umfassende Realisierung der Pläne durch den Ausbruch des Zweiten Weltkriegs im Jahr 1939 vereitelt wurde, konnten einzelne Gebäude fertiggestellt werden. Manche, wie die Neue Reichskanzlei am Wilhelmplatz, wurden im Krieg zerstört; andere sind bis heute erhalten. Dazu gehören der Flughafen Tempelhof, das Reichsluftfahrtministerium in der Wilhelmstraße, Botschaftsbauten im neu kartierten Diplomatenviertel südlich des Tiergartens sowie der Erweiterungsbau der Reichsbank am Friedrichswerder.

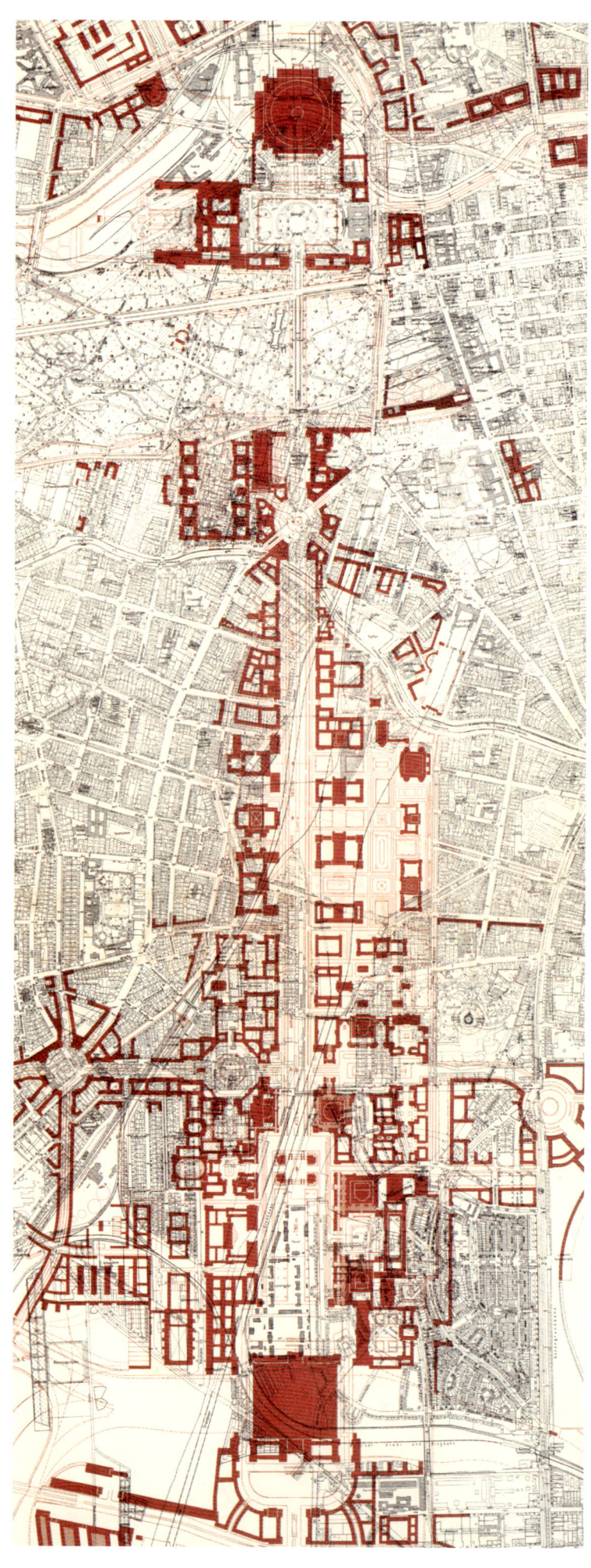

1946

Nach dem Ende des Zweiten Weltkriegs im Mai 1945 lag die Stadt Berlin zu einem großen Teil in Trümmern. Vor allem das historische Zentrum und weite Bereiche der Innenstadt waren durch Bomben und Brände weitgehend verwüstet worden. Das Ausmaß der Zerstörungen ließ angesichts des anstehenden Wiederaufbaus auch Überlegungen laut werden, eine gänzlich neue Stadt für eine neue Gesellschaft zu errichten. Der Architekt Hans Scharoun legte im Jahr 1946 seinen sogenannten Kollektivplan für ein modernes Berlin der Zukunft vor. Von der historisch gewachsenen Stadtstruktur ist in seinem Entwurf bis auf den Boulevard Unter den Linden, das Forum Fridericianum sowie das Schloss Charlottenburg nichts mehr übrig. Was sein Plan auf abstrakte Weise zu erkennen gibt, ist ein weitmaschiges Netz aus Autobahnen, das eine amorph zerfließende Stadt überzieht, die sich entlang des Flusslaufs entwickelt. Scharoun wollte Berlin in eine moderne Stadtlandschaft verwandeln, deren bauliche Ausprägung sich am Urstromtal orientiert, in dem die Stadt liegt. Er äußerte sich über die Stadtlandschaft 1946: »… Durch sie ist es möglich Unüberschaubares, Massstabloses in übersehbare und massvolle Teile aufzugliedern und diese Teile so zueinander zu ordnen, wie Wald Wiese Berg und See in einer schönen Landschaft zusammenwirken.« Die Negation des überlieferten Stadtgrundrisses, der alten Straßen, Plätze und Gebäude lässt sich rückblickend mit dem Wunsch nach einer völligen Tilgung der furchtbaren deutschen Geschichte erklären; sie ist gleichwohl inspiriert von der Überzeugung, dass diese von sozialen Widersprüchen vermeintlich freie Architektur im Zusammenwirken mit modernen Technologien dem Wesen der menschlichen Natur mehr entspricht als die von feudalen, kapitalistischen und totalitären Herrschaftssystemen geprägte städtische Umwelt der Vorkriegszeit. Ihr funktional gemischtes, hierarchisches und interdependentes Gefüge hatte im Kollektivplan ebenso ausgedient wie jahrhundertealte historische Bauten.

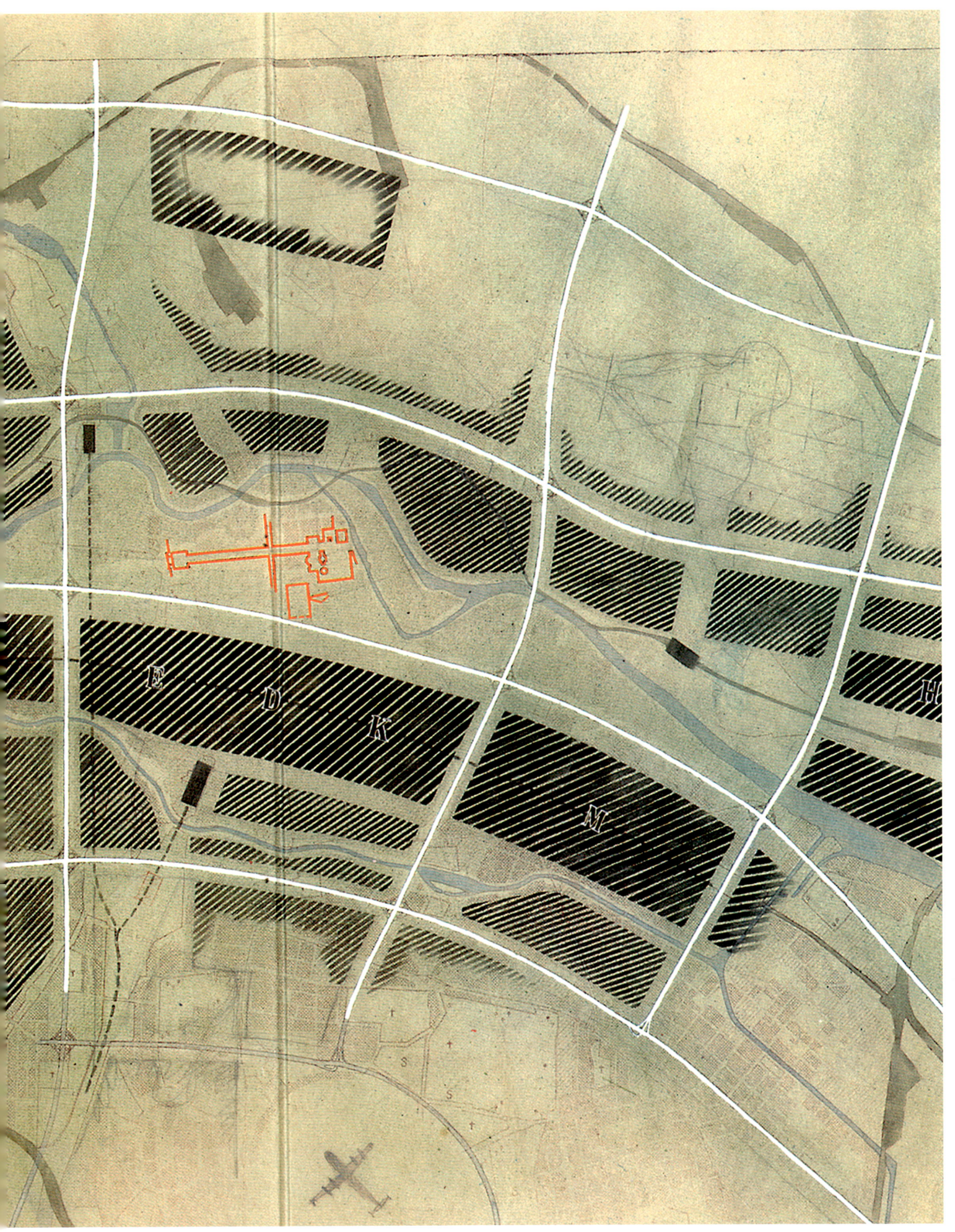

1940/1989

Die Darstellung zeigt den Nachkriegszustand des historischen Zentrums (rot), der hier wie eine Folie über den Grundriss der Vorkriegszeit (grau) gelegt ist. Nach 1945 wurde das von den Alliierten verwaltete Berlin zunächst in vier Sektoren aufgeteilt. Der gesamte Ostteil der Stadt sowie ein beträchtlicher Teil des Zentrums lagen in der sowjetischen Zone und gehörten von 1949 an zur Hauptstadt der DDR. Diese administrative Teilung wurde 1961 mit dem Bau der Mauer (grün) besiegelt, die nun durch das eng verflochtene städtische Gewebe der Innenstadt schnitt und Berlin in Ost und West trennte. Trotz der unterschiedlichen politischen und sozialen Entwicklung auf beiden Seiten des Eisernen Vorhangs weisen die jeweiligen städtebaulichen und architektonischen Veränderungen der Nachkriegsjahrzehnte durchaus Gemeinsamkeiten auf: Hier wie dort wurden die Ideale der Architekturmoderne favorisiert, die der traditionellen, funktional gemischten und baulich verdichteten Stadt eine Absage erteilten.

Die Abbildung zeigt sowohl in Ost und West eine beträchtliche strukturelle Ausdünnung in den zentralen Bereichen, die nicht allein auf Kriegszerstörungen zurückzuführen ist, sondern auch durch den teilweise flächendeckenden Abriss von Altbausubstanz in der Nachkriegszeit entstand. Insbesondere der Bereich östlich des Alexanderplatzes weist nun eine lockere, von großen Freiflächen durchsetzte Bebauung mit Neubauriegeln auf, die teilweise quer zum historischen Stadtgrundriss errichtet wurden und die Erinnerung an die alte, hochverdichtete Bebauung in diesen Quartieren weitgehend ausgelöscht haben. Völlig verändert zeigen sich auch das ehemals eng bebaute Marienviertel sowie der Bereich um das 1950 gesprengte Stadtschloss. Das gesamte Areal zwischen dem Stadtbahnviadukt und der Spreeinsel wurde bis auf die Marienkirche und das Rote Rathaus komplett abgeräumt und zu einer weiten, von zwei Hochhausriegeln gefassten Freifläche umgestaltet, die dem 1969 fertiggestellten Fernsehturm seitdem ein Forum gibt.

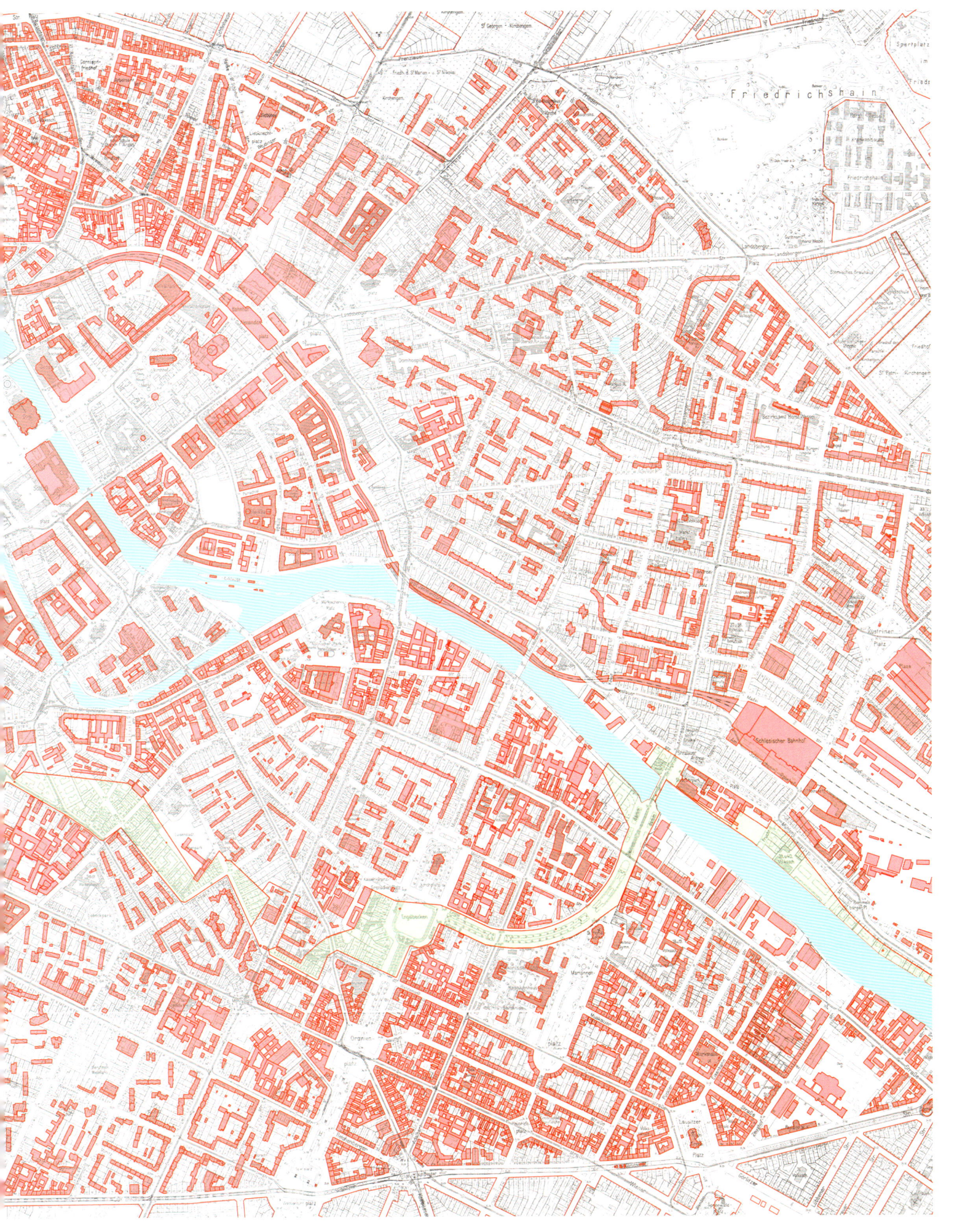

1991

Das Modell zeigt das wiedervereinigte Berlin im Maßstab 1:1.000 und dokumentiert das Zusammenwachsen der über vier Jahrzehnte geteilten Stadt. Es wird seit 1991 immer wieder ergänzt und lässt mit seinem unschuldigen, geschichtsblinden Weiß zunächst keinen Rückschluss zu auf das, was es 1991 schon gab, sowie auf das, was seither dazu gekommen ist oder an konkreten Planungen in absehbarer Zeit umgesetzt wird. Es ist eine nicht wertende, fortlaufend aktualisierte Beschreibung eines Ist-schon-oder-Wird-bald-Zustands und erst der Vergleich mit den Darstellungen des barocken, gründerzeitlichen und vor allem des geteilten Berlin bringt dieses Modell zum »Sprechen«.

War die unmittelbare Zeit nach dem Fall der Mauer von einer Mischung aus Überraschung, Ratlosigkeit und überhitzten Zukunftsfantasien geprägt, so gab der Hauptstadtbeschluss des Deutschen Bundestags vom 20. Juni 1991, in dem sich die Abgeordneten für Berlin als zukünftigen Sitz von Parlament und Regierung aussprachen, die Richtung der anstehenden Stadtentwicklungsprozesse vor. 1991 war auch das Jahr, in dem der aus Lübeck stammende Architekt Hans Stimmann zum Senatsbaudirektor in Berlin ernannt wurde. In dieser Position prägte er das Baugeschehen des Neuanfangs. Stimmann gab nicht nur einer städtebaulichen Neuordnung und Wiederherstellung Berlins im Sinne der traditionellen europäischen Stadt den Vorzug, sondern sorgte mit dem von ihm vertretenen Leitbild der kritischen Rekonstruktion auch dafür, dass die zentralen Bereiche der City, also die barocken Stadterweiterungen von Dorotheen- und Friedrichstadt, mit Respekt für das überlieferte Blockraster ergänzt und neu bebaut wurden.

1996

Das digitale Drei-D-Stadtmodell, das seit 1996 von der Senatsverwaltung für Stadtentwicklung systematisch gezeichnet und aktualisiert wird, zeigt die Berliner Innenstadt nach dem Abschluss des Hauptstadtumbaus und des Umzugs von Parlament und Regierung von Bonn an die Spree. Der neue Hauptbahnhof gehört hier ebenso selbstverständlich zum Stadtbild wie das Bundeskanzleramt und die mächtigen Bauten für die Abgeordneten nördlich des Reichstagsgebäudes. Anders als am Beispiel des Stadtmodells wird bei dieser Darstellung jedoch auch deutlich, welche Bauvorhaben noch nicht umgesetzt werden konnten und wo sich, zumeist am Rand des eigentlichen Zentrums, neue innerstädtische Entwicklungspotenziale ergeben haben. Sehr augenfällig zeigt sich dies im Bereich nordwestlich des Spreebogens, wo mit den ausgemusterten Gleis-, Hafen- und Speicheranlagen zwischen Lehrter und Heidestraße ein komplettes Quartier seiner Restrukturierung und Neunutzung harrt. Das von minimalen baulichen Strukturen durchsetzte Grau in diesem Areal korrespondiert mit einer gleichfalls neu zu kartierenden Zone südlich der Innenstadt am Gleisdreieck, wo eines der größten Stadtpark-Projekte Europas in Angriff genommen wird. Während hier entlang der alten Güterbahnstrecke eine 62 Hektar große Parklandschaft entsteht, ist für das Quartier Heidestraße eine dezidiert städtische Nutzung vorgesehen.
Die Reparatur der schadhaften und lückenreichen Textur im historischen Zentrum der Stadt kann man zu diesem Zeitpunkt als weitgehend abgeschlossen betrachten. Zwar zeigen sich in einzelnen Bereichen, wie dem Leipziger Platz und entlang des ehemaligen Mauerstreifens, noch Leerstellen, doch insgesamt sind die barocken Stadtquartiere Friedrichstadt und Dorotheenstadt in ihrer historisch gewachsenen, kompakten Dichte wiederhergestellt.

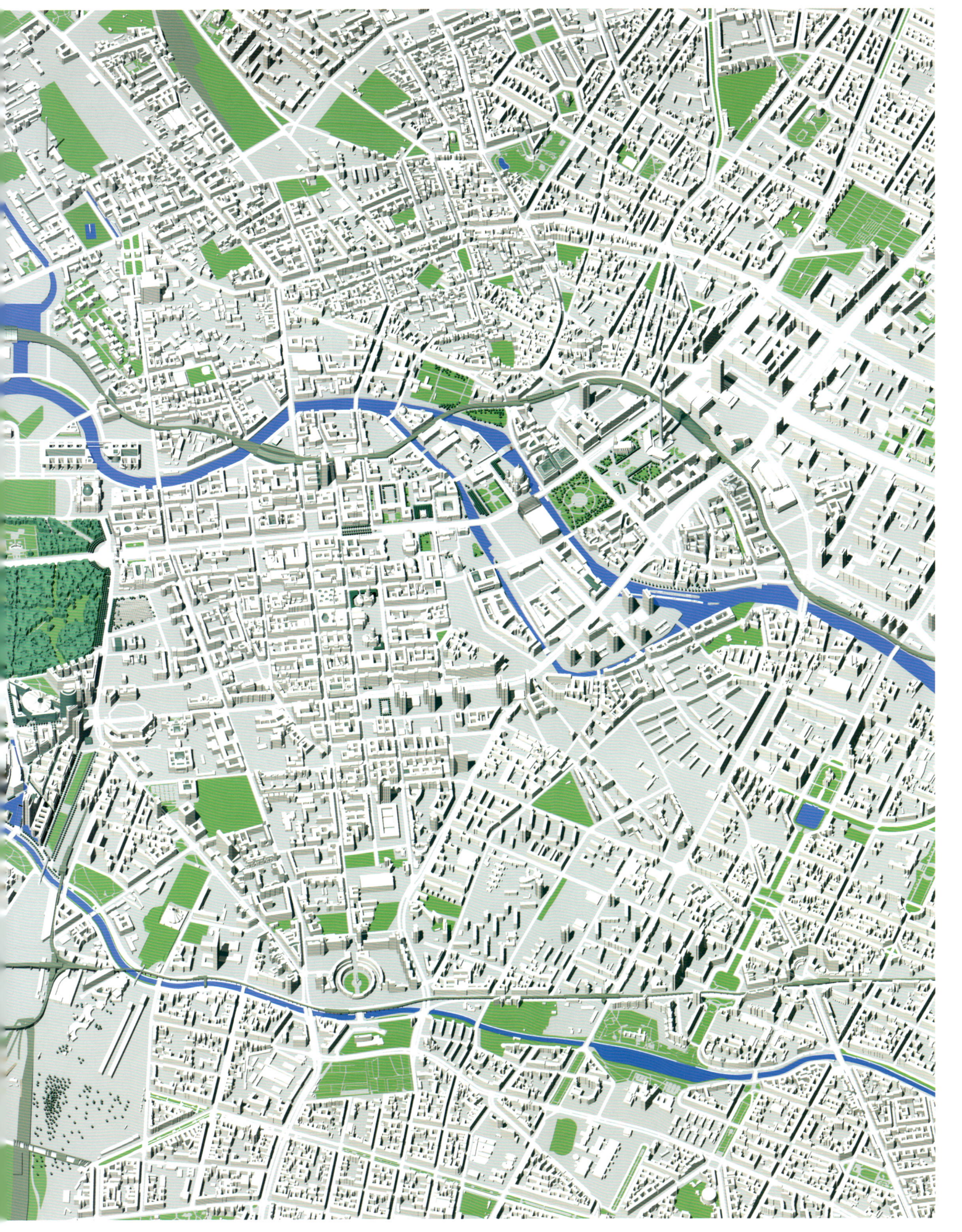

2008

Wer in Berlin die Altstadt sucht, wird auf einen Zipfel im südöstlichen Bereich des einstigen Alt-Berlin verwiesen, der heute vor allem für Touristen die Rolle des historischen Kerns spielen muss: das Nikolaiviertel. Dieses vergleichsweise kleine Quartier besteht zum größten Teil zwar aus Rekonstruktionen und historisierenden Plattenbauhäusern, doch die Lage der Gebäude und der Straßenverlauf entsprechen den mittelalterlichen Gegebenheiten. Der Rest des historischen Zentrums, also der gesamte, früher von der Stadtmauer umfasste Bereich der Doppelstadt Berlin-Cölln, lässt solche Rückschlüsse an kaum einer Stelle mehr zu. Die einstige Altstadt, während des Zweiten Weltkriegs in weiten Teilen zerstört, wurde nach 1945 nicht wiederaufgebaut. Im Zuge der DDR-Hauptstadtplanungen ließ man die noch bestehenden Altbauten im Bereich zwischen Grunerstraße und Marienkirche abreißen, um Platz zu schaffen für ein modernes, sozialistisches Stadtzentrum. Lediglich das Rote Rathaus sowie das im 13. Jahrhundert errichtete Gotteshaus sind noch erhalten. Im Bereich des ehemaligen Cölln, der die gesamte Spreeinsel umfasst, sind von den historischen Bauten nur der Lustgarten, der Dom und die Bauten der Museumsinsel übrig geblieben; das Hohenzollernschloss wurde 1950 abgerissen und später durch den Palast der Republik ersetzt. Auch das Quartier zwischen Petriplatz, Brüderstraße und Gertraudenstraße, mithin die Wiege Berlins, wurde ohne Rücksicht auf historische Straßenfluchten neu kartiert und mit überbreiten Magistralen durchschnitten. Auf der Fischerinsel verschwanden die engen, mittelalterlichen Gassen zugunsten einer modernen, aufgelockerten Stadtlandschaft mit Hochhaussolitären und Abstandsgrün. Im *Planwerk Innenstadt* sind im Bereich des historischen Zentrums eine bauliche Nachverdichtung sowie die Rückgewinnung der historischen Straßenfluchten vorgesehen. Mit dem Abriss des Palastes der Republik und dem Beschluss, das Stadtschloss wiederaufzubauen, steht zugleich die Neuplanung der weiten Freiräume östlich der Spreeinsel an.

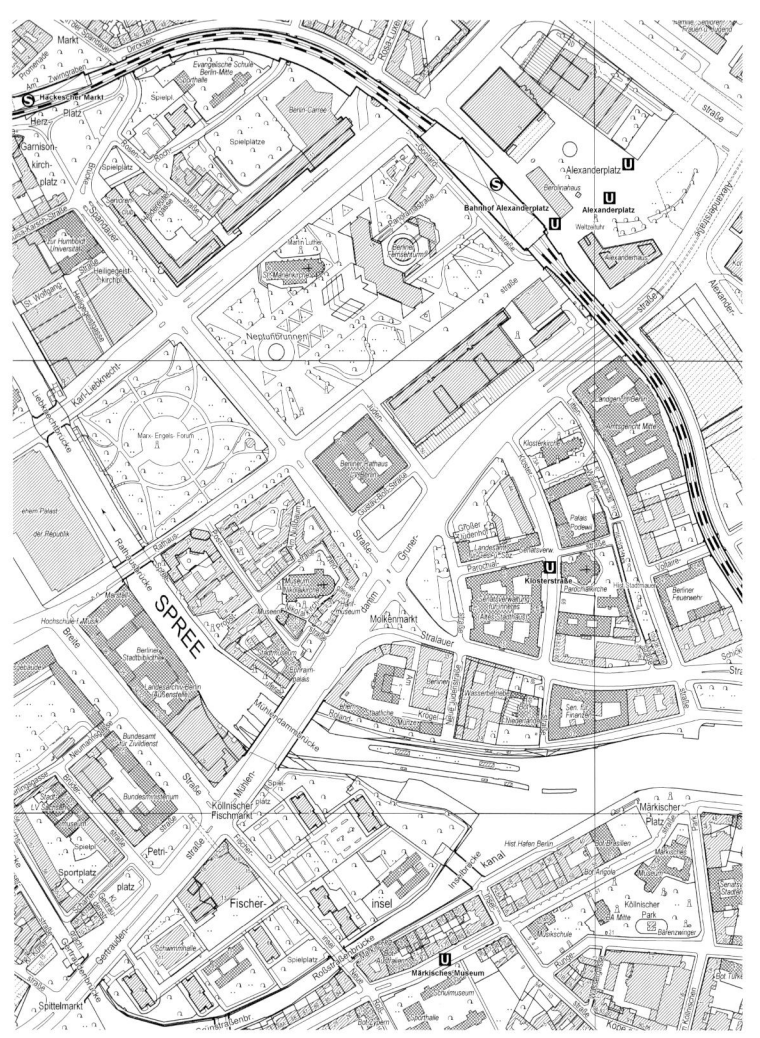

Dass sich hier einmal die ältesten und am dichtesten bebauten Quartiere der Berliner Innenstadt befanden, ist heute angesichts des weitläufigen, unbebauten Areals zwischen Fernsehturm und Schlossplatz nicht mehr zu erahnen. Über mehrere Jahrhunderte teilten sich das Heilig-Geist-Viertel, das Marienviertel, das Nikolaiviertel und das Klosterviertel jenes Stück Berlin, das heute vor allem von breiten, mit Plattenbauten gesäumten Verkehrsstraßen, unüberschaubaren Freiräumen und einer großen Brache am anderen Ufer der Spree dominiert wird. Hier befindet sich das auf Geheiß der SED errichtete »sozialistische Hauptstadtzentrum«, ein vom Stadtbahnviadukt bis zur Spree gestrecktes, lockeres Gefüge aus Einzelbauten, großzügigen Parkflächen und dem Marx-Engels-Forum. Das unter dem Leitbild der Moderne errichtete neue politische und gesellschaftliche Zentrum der DDR reichte ursprünglich bis zum Friedrichswerder und schloss auch den Bereich des 1950 gesprengten Stadtschlosses auf der Spreeinsel ein. Von Alt-Berlin, dessen Ursprünge bis in das 12. Jahrhundert zurückreichen, sind lediglich das in den Achtzigerjahren komplett rekonstruierte Nikolaiviertel sowie die ihres städtischen und sozialen Kontextes beraubte Marienkirche und das Rote Rathaus noch vorhanden. Nach dem Fall der Mauer und der Wiedervereinigung wurden zunächst das Außenministerium und der Palast der Republik im westlichen Teil des DDR-Hauptstadtbandes abgerissen, ohne dass ein konkretes Konzept für die Nutzung der vakanten Bereiche auf der Spreeinsel vorlag. Mit der Entscheidung für den Wiederaufbau des Stadtschlosses ist nun eine Lösung für die Zukunft dieses zentralen Ortes gefunden worden. Die städtebauliche Neuordnung der östlich angrenzenden Bereiche, insbesondere auf dem Gelände des Marx-Engels-Forums und des Marienviertels, steht noch aus. Auch der Molkenmarkt gehört zu jenen Orten, die der Berliner Altstadt wieder etwas von ihrer eigenen Geschichte zurückgeben sollen.

Altstadt/Alt-Berlin

52° 31' 10,4" Nord
13° 24' 30,3" Ost

Von der in der Mitte Berlins gelegenen Spreeinsel ist vor allem der als Museumsinsel bezeichnete nördliche Teil berühmt; das Ensemble, bestehend aus Altem Museum (1830), Neuem Museum (1859), der Alten Nationalgalerie (1876), dem Bode-Museum (1904) sowie dem Pergamonmuseum (1930), gehört zum UNESCO-Weltkulturerbe und geht auf eine Initiative von König Friedrich Wilhelm III. zurück, der zu Beginn des 19. Jahrhunderts die Errichtung öffentlich zugänglicher Museen verfügte. Die ersten Planungen zur Neuordnung dieses einstmals sumpfigen Gebiets nördlich des barocken Lustgartens stammen von Karl Friedrich Schinkel, der auch das Alte Museum errichtete. Während die Museumsinsel den baugeschichtlich jüngsten Teil der Spreeinsel darstellt, zeigt sich das stadthistorisch älteste Gebiet im höher gelegenen südlichen Teil im Gewand der Architekturmoderne. Der Fischerkietz, ursprünglich eines der ältesten Viertel Berlins, wurde nach dem Zweiten Weltkrieg nicht wiederaufgebaut, sondern mit Punkthochhäusern versehen und in eine moderne, durch eine breite Verkehrsschneise vom Rest des Zentrums isolierte Stadtlandschaft verwandelt. Der zentrale Teil der Spreeinsel war über Jahrhunderte hinweg der Standort des Schlosses gewesen. Sich der politischen und städtebaulichen Bedeutung dieses Ortes bewusst, ließ die SED-Führung 1950 den kriegsbeschädigten Schlossbau vollständig abreißen, um Platz für die Errichtung eines sozialistischen Hauptstadtforums zu schaffen. Staatsratsgebäude, Außenministerium und der Palast der Republik rahmten eine riesige Freifläche, die Kundgebungen und Aufmärschen diente. Bis auf das Staatsratsgebäude wurden diese Bauten abgerissen. Nach langer Diskussion über die zukünftige Bebauung der Brache auf dem Schlossplatz hat der Bundestag für einen Wiederaufbau des Stadtschlosses gestimmt, das mit seiner Nutzung als Humboldt-Forum die Mitte Berlins als Ort von Kultur, Kunst und Wissenschaft neu definieren wird.

Spreeinsel/Alt-Cölln

0 — 300

52° 31' 21" Nord
13° 24' 54" Ost

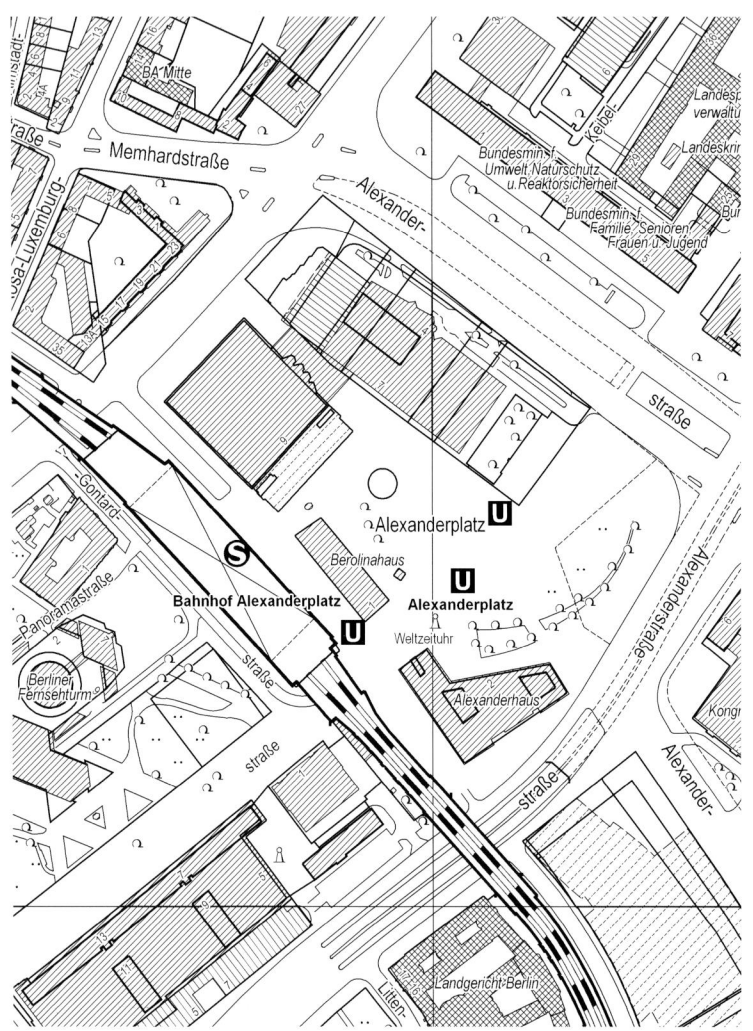

Zentrum Alexanderplatz

0 150

52° 31' 19" Nord
13° 24' 47" Ost

Zum Zeitpunkt der Stadtgründung im 13. Jahrhundert endete dort, wo sich heute das weite Rund des Alexanderplatzes erstreckt, eine Handelsstraße, die Berlin mit den Hansestädten im Norden verband. Schon die Bezeichnungen, die der Ort im Laufe seiner Geschichte erhielt – Ochsenplatz, Wollmarkt – deuten auf seinen Charakter als Markt- und Warenumschlagplatz hin. Erst 1805 wurde er zu Ehren des russischen Zaren in Alexanderplatz umbenannt. Er lag damals noch vor den eigentlichen Toren der Stadt. Erst im 19. und 20. Jahrhundert, als die mittelalterlich enge Residenz über sich selbst hinauswuchs, entwickelte sich der Alexanderplatz zu einem der wichtigsten Verkehrsknotenpunkte Berlins, vor allem dank der Errichtung des Stadtbahnviadukts durch Ernst Dircksen sowie durch den Bau des Bahnhofs im Jahr 1882. In seiner direkten Umgebung entstanden in der Gründerzeit große Kaufhäuser; und die hier vorbeiführende Rathausstraße, die das im Norden anschließende Königstor mit dem Schloss verband, avancierte zu einer der wichtigsten Geschäftsstraßen der jungen Millionenstadt. Im Zweiten Weltkrieg trug der Alexanderplatz schwere Zerstörungen davon. Der Wiederaufbau des gesamten Areals erfolgte unter dem modernen Leitbild der DDR-Hauptstadtarchitektur; deren Planer wiesen dem Alexanderplatz die Rolle als repräsentatives Zentrum Ost-Berlins zu. Der Platz wurde um das Vierfache seiner ursprünglichen Fläche vergrößert; den einzigen erhaltenen Vorkriegsbauten, dem Alexanderhaus und dem Berolinahaus von Peter Behrens, wurden mit dem Hotel sowie dem Centrum-Warenhaus zwei moderne Solitäre gegenübergestellt.
Im Zuge der Umsetzung des *Planwerks Innenstadt* wird der Alexanderplatz durch strukturelle Ergänzungen an seiner Peripherie besser gefasst und klarer definiert. Dem modernen Charakter des heutigen Alexanderplatzes entsprechend sollen vor allem Hochhäuser entstehen.

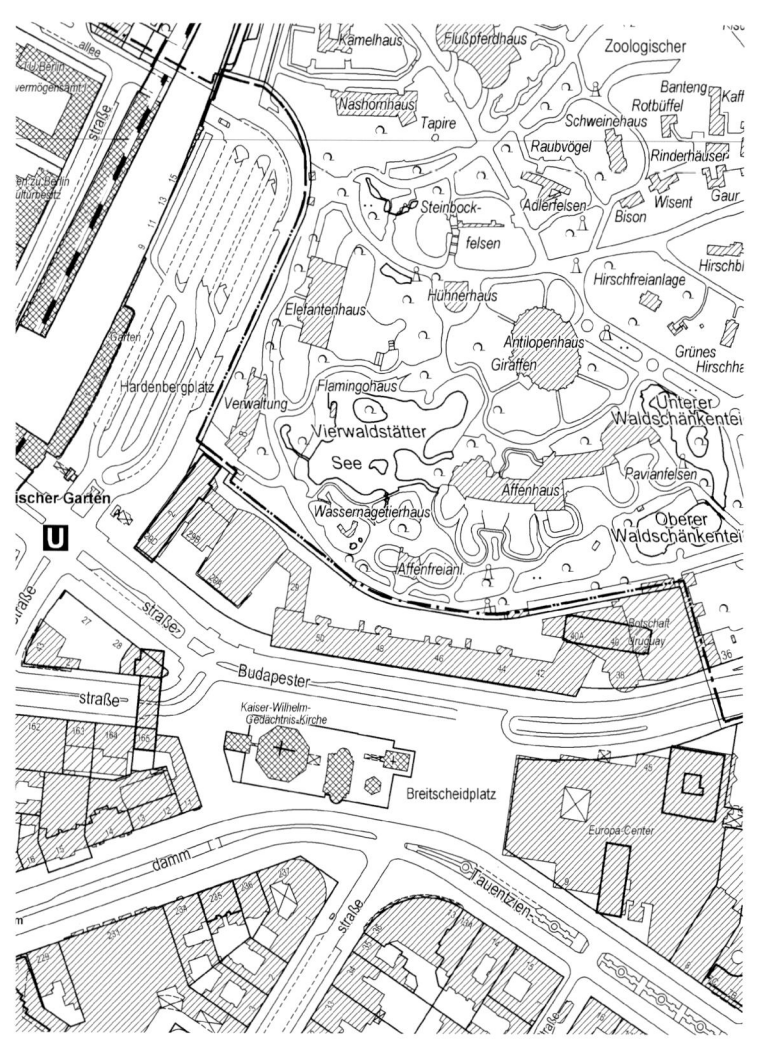

Begünstigt durch die Erweiterung der Stadtbahn begann gegen Ende des 19. Jahrhunderts die Besiedlung der Gegend am südwestlichen Rand des Tiergartens. Rasch entwickelte sich hier, in unmittelbarer Nähe zum 1844 gegründeten Zoologischen Garten, ein geschäftiges Quartier, das mit seinen großstädtischen Qualitäten neben dem Alexanderplatz und dem Potsdamer Platz bestehen konnte und binnen kurzer Zeit als eigenständiges Zentrum reüssierte. Anders als in den Altstadtquartieren des historischen Zentrums dominierten hier großbürgerliche Wohn- und Geschäftshäuser; entlang der Tauentzienstraße und des Kurfürstendamms etablierte sich eine urbane Szenerie aus Geschäften, Vergnügungslokalen, Theatern und Filmpalästen; das Romanische Café an der Ecke Budapester Straße gehörte zu den berühmtesten Künstlertreffpunkten im Berlin der Zwanzigerjahre. Während des Zweiten Weltkriegs erlitt die Gegend rund um den Zoologischen Garten schwere Zerstörungen. Ihr Wiederaufbau zum neuen Zentrum des Berliner Westens erfolgte nach den Maßgaben der Architekturmoderne: Die überlieferten Straßenfluchten und Blockstrukturen wurden zugunsten breiter Verkehrsschneisen und offener Freiraumformationen aufgegeben; das Bikinihaus, der Zoobogen, der Zoopalast und das Schimmelpfeng-Haus wurden zusammen mit der Ruine der Kaiser-Wilhelm-Gedächtnis-Kirche und dem Europa-Center zum Wahrzeichen Westberlins. Als sich das politische, wirtschaftliche und gesellschaftliche Leben der Stadt nach dem Fall der Mauer in die zentralen Bereiche im Ostteil der Stadt verlagerte, musste die City West einen Bedeutungsverlust hinnehmen. Mit einem Programm zur baulichen Aufwertung soll der Bereich in seiner Rolle als großstädtischer Wohn-, Geschäfts- und Freizeitstandort gestärkt werden. Geplant sind Hochhäuser und veränderte Straßenführungen sowie eine Neudefinition der Beziehung zum benachbarten Tiergarten.

Zentrum Zoo

0   150

52° 30' 30" Nord
13° 20' 15" Ost

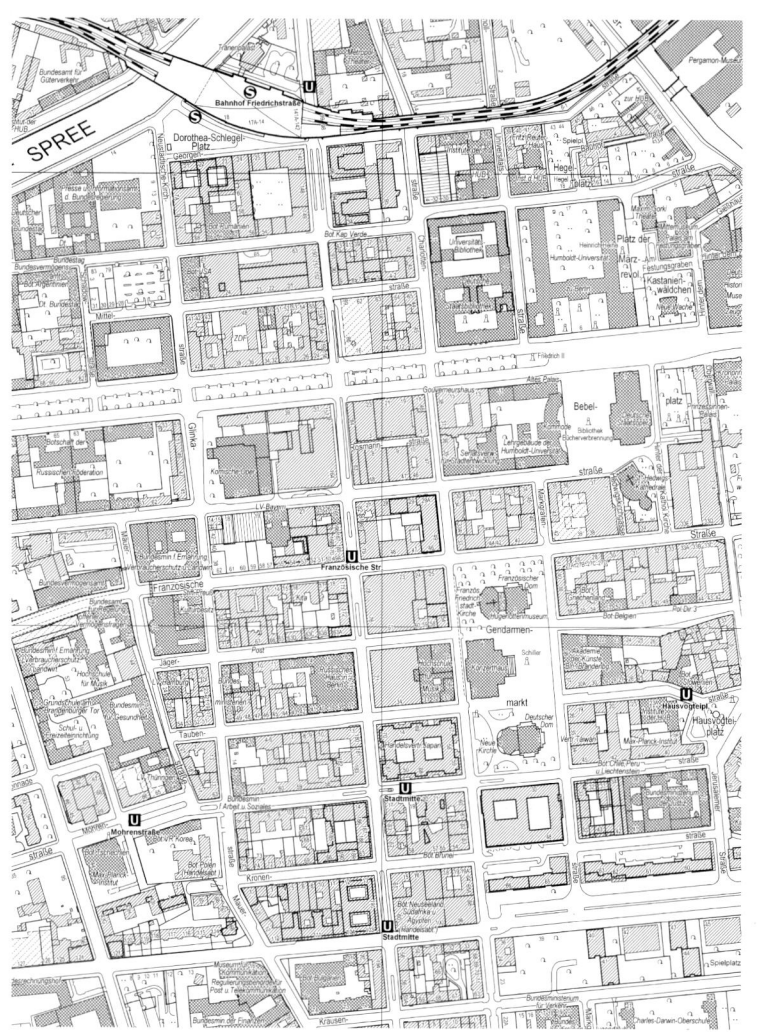

Die nach dem Tod des Großen Kurfürsten im Jahr 1688 begonnene Planung der Friedrichstadt geht auf eine Anordnung seines Nachfolgers, des späteren Königs Friedrich I., zurück, der die unbebaute Cöllnische Feldmark westlich der Festungsanlagen für die Erweiterung seiner Residenzstadt nutzen wollte.
Die 2,1 Quadratkilometer große Friedrichstadt entstand auf einem streng orthogonalen Straßenraster und verzeichnete dank des raschen Bevölkerungswachstums schon 1691, reichlich zwei Jahre nach ihrer offiziellen Gründung, mehr als 300 neue Häuser. Die Friedrichstraße und die Leipziger Straße entwickelten sich zu den wichtigsten Verkehrsachsen; eine zentrale Rolle für die Entfaltung des städtischen Lebens spielten darüber hinaus der heutige Gendarmenmarkt (früher Mittelmarkt) sowie der Dönhoffplatz. 1709/1710 wurde die Friedrichstadt offiziell eingemeindet und gehörte fortan zur »Königlichen Haupt- und Residenzstadt Berlin«. Im Zuge ihrer Erweiterung wurden auch die hinderlichen Festungsanlagen abgetragen, die nach außen verlagerte Stadtgrenze markierte nun eine Akzisemauer. Im Laufe der Zeit entwickelte sich die Friedrichstadt zu einer repräsentativen Wohn- und Geschäftsgegend, bevorzugt vom Stadtadel und vom arrivierten Großbürgertum. Nach dem Zweiten Weltkrieg lagen große Teile des Quartiers in Trümmern, die 1961 errichtete Berliner Mauer trennte zudem den südlichen vom gesamten nördlichen Teil. Im Zuge des Wiederaufbaus wurden auf beiden Seiten einige Bereiche der Friedrichstadt systematisch rekonstruiert, andere Abschnitte wie die autogerecht erweiterte Leipziger Straße hingegen mit Plattenbauriegeln und Hochhaussolitären gesäumt. Auf diese Weise ging auch der städtebauliche Zusammenhang verloren, der erst nach dem Fall der Mauer mit der Umsetzung der Leitlinien der kritischen Rekonstruktion wieder Gestalt annahm. Heute ist die barocke Stadtstruktur in weiten Teilen der Friedrichstadt wiederhergestellt.

Friedrichstadt

0 300

52° 31' 21" Nord
13° 23' 54" Ost

71

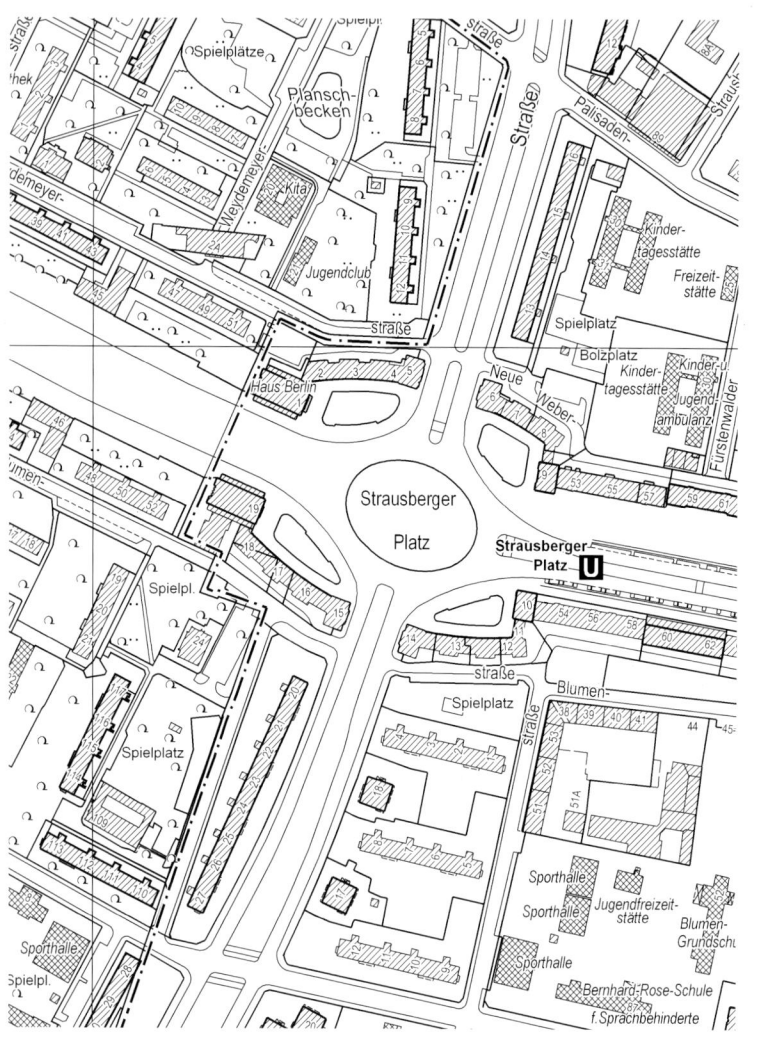

Karl-Marx-Allee

0 150

52° 31' 4" Nord
13° 26' 7" Ost

Die 2,3 Kilometer lange Magistrale verbindet die historische Stadtmitte mit den östlichen Bezirken und wurde in der Zeit von 1950 bis 1965 in zwei Bauabschnitten errichtet. Das städtebauliche Vorzeigeprojekt der noch jungen DDR sollte die Stärke des Sozialismus beim Wiederaufbau des durch den Zweiten Weltkrieg stark zerstörten Zentrums demonstrieren und ursprünglich im Zusammenhang mit der Umsetzung des Kollektivplans von Hans Scharoun realisiert werden. Nachdem die SED-Parteiführung das Leitbild des modernen Städtebaus als formalistisch verworfen und Scharoun aus dem Institut für Bauwesen entlassen hatte, wurde ein Architektenkollektiv mit der Planung eines traditionalistischen, am Zuckerbäckerstil der stalinistischen Sowjetunion orientierten Ensembles beauftragt. Dieser 1953 als »Stalinallee« eingeweihte erste Bauabschnitt reicht vom Strausberger Platz bis zum Frankfurter Tor: ein 90 Meter breiter Boulevard, der von palastartigen, mit Türmen, Säulen und Balustraden verzierten Wohnhäusern gesäumt wird, in deren Erdgeschossen sich Läden, Cafés und Restaurants befinden. Der in den Sechzigerjahren fertiggestellte zweite Bauabschnitt markiert eine paradigmatische Wende im DDR-Städtebau. Anstelle von Arbeiterpalästen rahmen zurückgesetzte, locker gruppierte Plattenbauriegel den 120 Meter breiten westlichen Teil der Karl-Marx-Allee. Urbane Qualitäten konnten sich mangels eines städtisch verdichteten, funktional differenzierten Hinterlands nie entfalten. Nur im Blick von oben lässt sich das zugrunde liegende städtebauliche Konzept erkennen: eine von Grün durchsetzte moderne Stadtlandschaft, die dem Ideal der Charta von Athen nahezu vollständig entspricht. Lediglich das *Haus der Gesundheit*, das nördlich des Alexanderplatzes durch seine eigenartige Schrägstellung auffällt, liefert noch einen Hinweis auf die ursprüngliche Straßenführung. Hier mündete einst die Landsberger Allee in das Stadtzentrum.

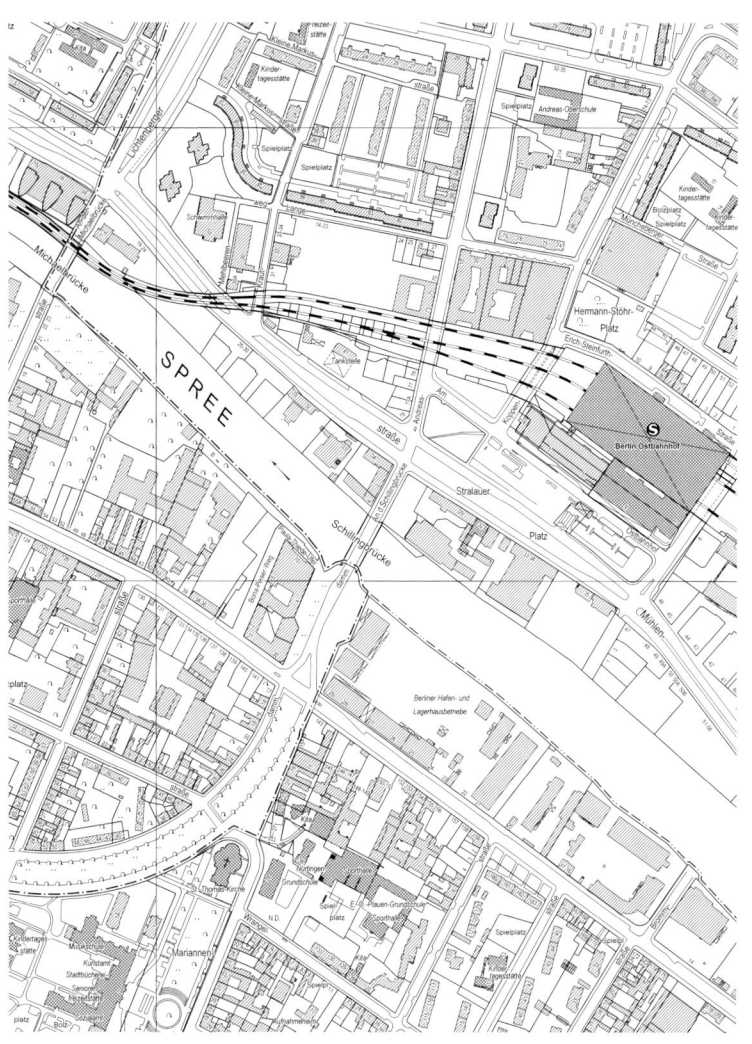

Ostbahnhof/Osthafen

0 — 300

52° 30' 42" Nord
13° 26' 25" Ost

Das weitläufige Gelände des Osthafens sowie die westlich anschließenden Uferbereiche bilden seit dem Fall der Mauer einen distinkten Stadtraum, dessen Determinante der in diesem Bereich 150 Meter breite und begradigte Flusslauf der Spree ist. An kaum einer anderen Stelle Berlins zeigt sich die Verbindung von Großstadt und Wasser auf so eindrucksvolle Weise. Nach dem Fall der Mauer verlor die Spree in diesem Bereich ihre Funktion als trennender Grenzfluss; gleichwohl waren die Ufergrundstücke bis auf wenige Ausnahmen aufgrund ihrer gewerblichen Nutzung nicht für die Öffentlichkeit zugänglich. Erst mit der Umwandlung des Osthafens in ein Stadtquartier und der Abwanderung von Industrie- und Lagerbetrieben wurde mit der Planung für den ungefähr 180 Hektar großen, von der Jannowitzbrücke bis zur Elsenbrücke reichenden Uferabschnitt begonnen. Vorgesehen ist hier die Entwicklung eines modernen Medien- und Dienstleistungsstandorts, dessen erste Vorboten bereits zu Beginn des 21. Jahrhunderts fertiggestellt wurden. Ausgangspunkt des Stadtentwicklungsprojekts war der Bereich des 1913 gegründeten Osthafens mit seinen erhaltenen Speicher- und Lagerhäusern. In den umgebauten und renovierten Altbauten residieren heute Fernsehanstalten und Medienfirmen. Auf der gegenüberliegenden Seite entstand mit den *Treptowers* sowie einem unweit liegenden Hochhausensemble ein neues Büro- und Geschäftsviertel; gleichzeitig werden zahlreiche ehemalige Industrie- und Fabrikgebäude zu modernen Gewerbeimmobilien umgewandelt. Das Nordufer wird im Bereich zwischen Oberbaumbrücke und Schillingbrücke von großflächigen Handels- und Gewerbeflächen entlang der Gleisanlagen dominiert; hier entstand außerdem die O_2 *World*, eine moderne Mehrzweckhalle für bis zu 17.000 Besucher. Die in Richtung Stadtmitte gelegenen Grundstücke zeichnen sich durch eine kleinteiligere und abwechslungsreichere Nutzung aus.

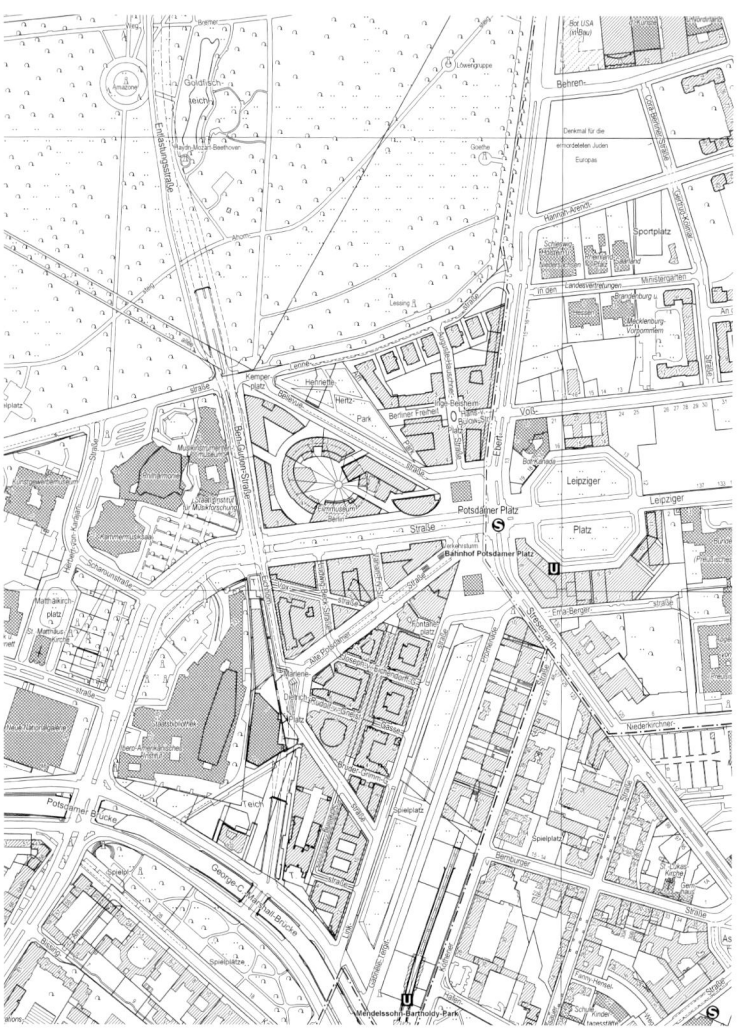

Stadtgeschichtlich betrachtet gehört der Potsdamer Platz nicht zum historischen Zentrum Berlins. Er lag bis zum Abriss der Akzisemauer im Jahr 1867 vor den Toren der Stadt, doch im Zuge des rasanten Stadt- und Wirtschaftswachstums der Gründerjahre entwickelte er sich rasch zu einem der wichtigsten Verkehrsknotenpunkte der Metropole. Die Anlage des benachbarten Leipziger Platzes hingegen geht auf die barocken Stadterweiterungen unter König Friedrich Wilhelm I. zurück, der die Freiräume vor den neuen Stadttoren in der Friedrichstadt und der Dorotheenstadt als repräsentative Schmuckplätze gestalten ließ. Der Leipziger Platz, vormals Platz vor dem Potsdamer Tor, wurde 1732–1738 als Oktogon angelegt und mit Wohngebäuden eingefasst, deren Errichtung strengen Gestaltungsvorschriften unterlag. Obwohl beide Plätze nach dem Fall der historischen Stadtgrenze zu einem urbanen Zentrum verschmolzen, bewahrten sie sich ihren jeweils eigenständigen Charakter.

Nach dem Zweiten Weltkrieg lag der gesamte Bereich fast vollständig in Trümmern. Die zaghaften Versuche eines Wiederaufbaus wurden durch die Errichtung der Berliner Mauer beendet, die quer über die historischen Straßenzüge und Platzformationen verlief und den einstmals belebtesten Ort der Stadt in ein brachliegendes Niemandsland verwandelte. Nach der Wiedervereinigung Berlins gehörte das Quartier zu jenen innerstädtischen Standorten, die völlig neu wiederaufgebaut werden mussten. Grundlage für diesen Wiederaufbau war der von den Architekten Hilmer + Sattler vorgelegte Masterplan, der eine Rekonstruktion des historischen Stadtgrundrisses vorsah und durch die Wiederherstellung der überlieferten Straßen- und Blockstrukturen einen Anschluss des Areals an die Stadt zu sichern suchte. Das neu entstandene, in den verschiedenen Ausdrucksformen der zeitgenössischen Architektur errichtete Stadtquartier steht emblematisch für das Zusammenwachsen von Ost und West.

Potsdamer/Leipziger Platz

52° 30' 34" Nord
13° 22' 33" Ost

Potsdamer/Leipziger Platz

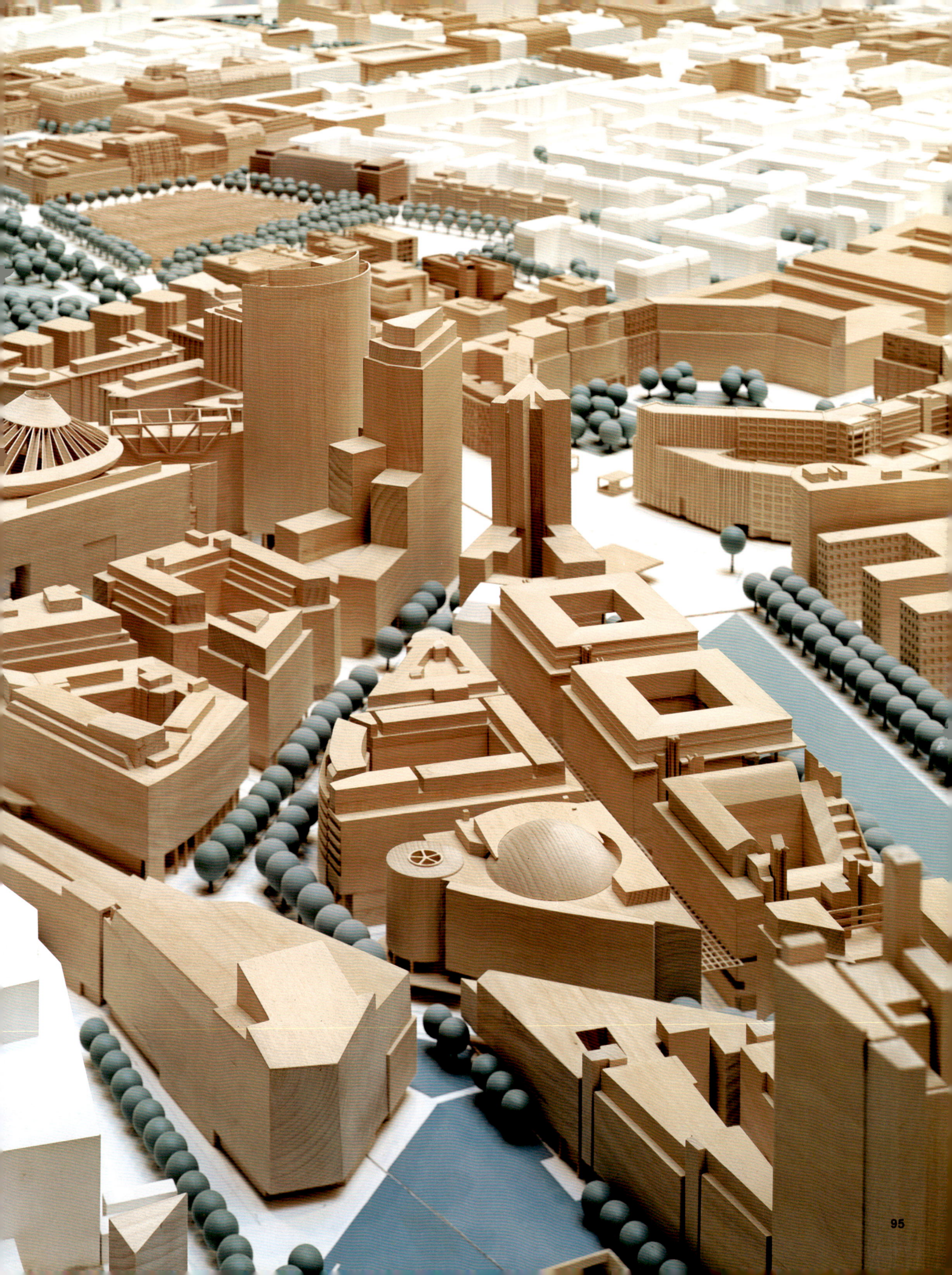

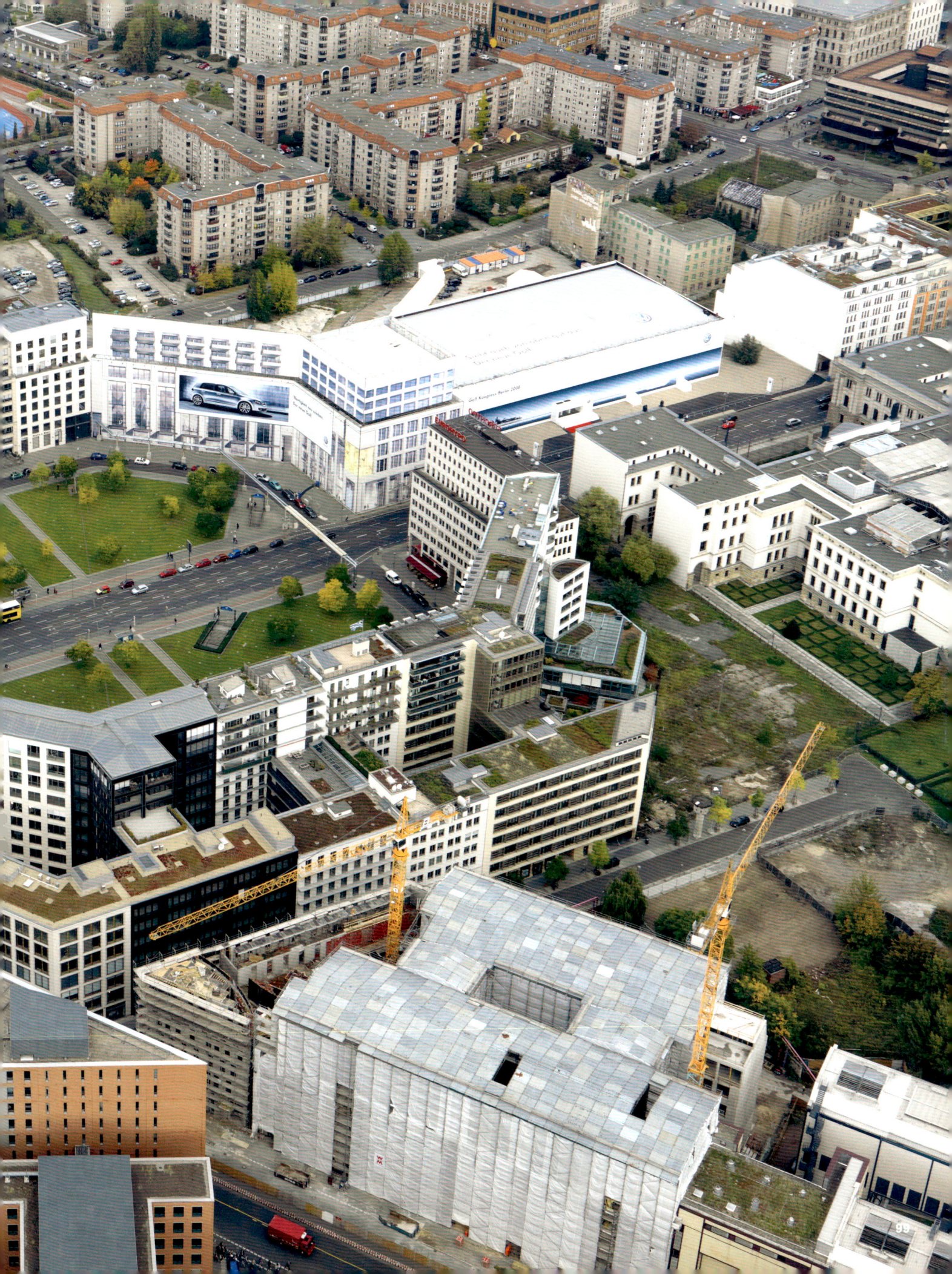

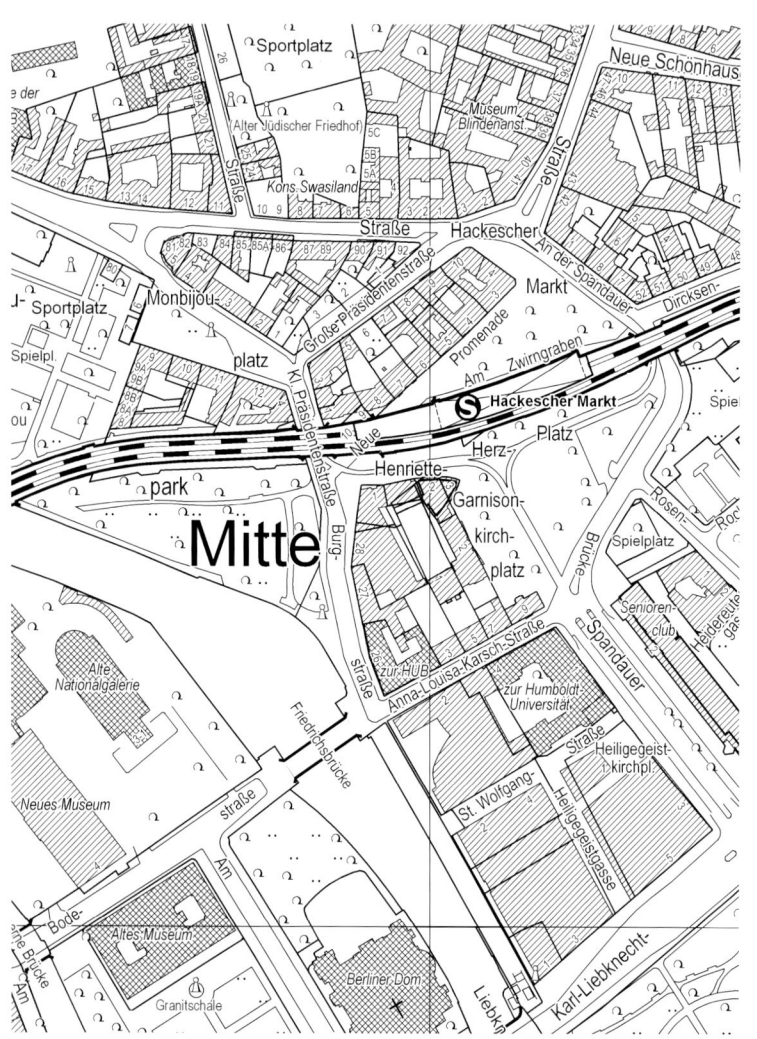

Spandauer Vorstadt

0 — 150

52° 31' 31" Nord
13° 23' 55" Ost

Das Stadtviertel nördlich des Spandauer Tores ist die größte der im frühen 18. Jahrhundert planmäßig angelegten Vorstädte und spiegelt in seiner städtebaulichen und architektonischen Verfassung gut 300 Jahre Berliner Stadtgeschichte wider. Das um 1716 festgelegte System aus Haupt- und Nebenstraßen hat sich ebenso erhalten wie viele historische Gebäude, die den Bombenhagel des Zweiten Weltkriegs überstanden. Jedoch wurde das in unmittelbarer Nähe zur Spree gelegene Schloss Monbijou, um 1700 als »Lust-Haus« von Eosander von Göthe errichtet, später dann Sommerresidenz der Königin Sophie Dorothea, schwer beschädigt und im Jahr 1959 abgerissen. An seiner Stelle befindet sich heute der Monbijoupark.

Die 67 Hektar große Spandauer Vorstadt erstreckt sich zwischen der Spree und dem Stadtbahnviadukt, der nördlich angrenzenden Torstraße, der Karl-Liebnecht-Straße im Süden sowie der Friedrichstraße im Westen. Das dicht bebaute Quartier blieb nicht nur von großflächigen Kriegszerstörungen verschont, es entging auch dem Abriss- und Neubaufuror der Nachkriegszeit. Selbst wenn die Substanz während der DDR-Zeit stark vernachlässigt wurde und in Teilen verfiel, blieb auf diese Weise ein in seiner Geschlossenheit einmaliges Flächendenkmal erhalten: Die Spandauer Vorstadt ist nach den umfangreichen Instandsetzungs- und Modernisierungsarbeiten der Neunzigerjahre das am besten erhaltene historische Innenstadtviertel Berlins. Hier stehen barocke Bauten neben architektonischen Zeugnissen des Klassizismus, hier finden sich bemerkenswerte Beispiele der Gründerzeit und moderne Gebäude in einem anregenden Kontext. Zu den besonders herausragenden Orten mit übergeordneter städtischer Bedeutung gehören der Hackesche Markt und die Hackeschen Höfe, das barock überformte Gebäude der Sophienkirche sowie das Postfuhramt und die Neue Synagoge in der Oranienburger Straße.

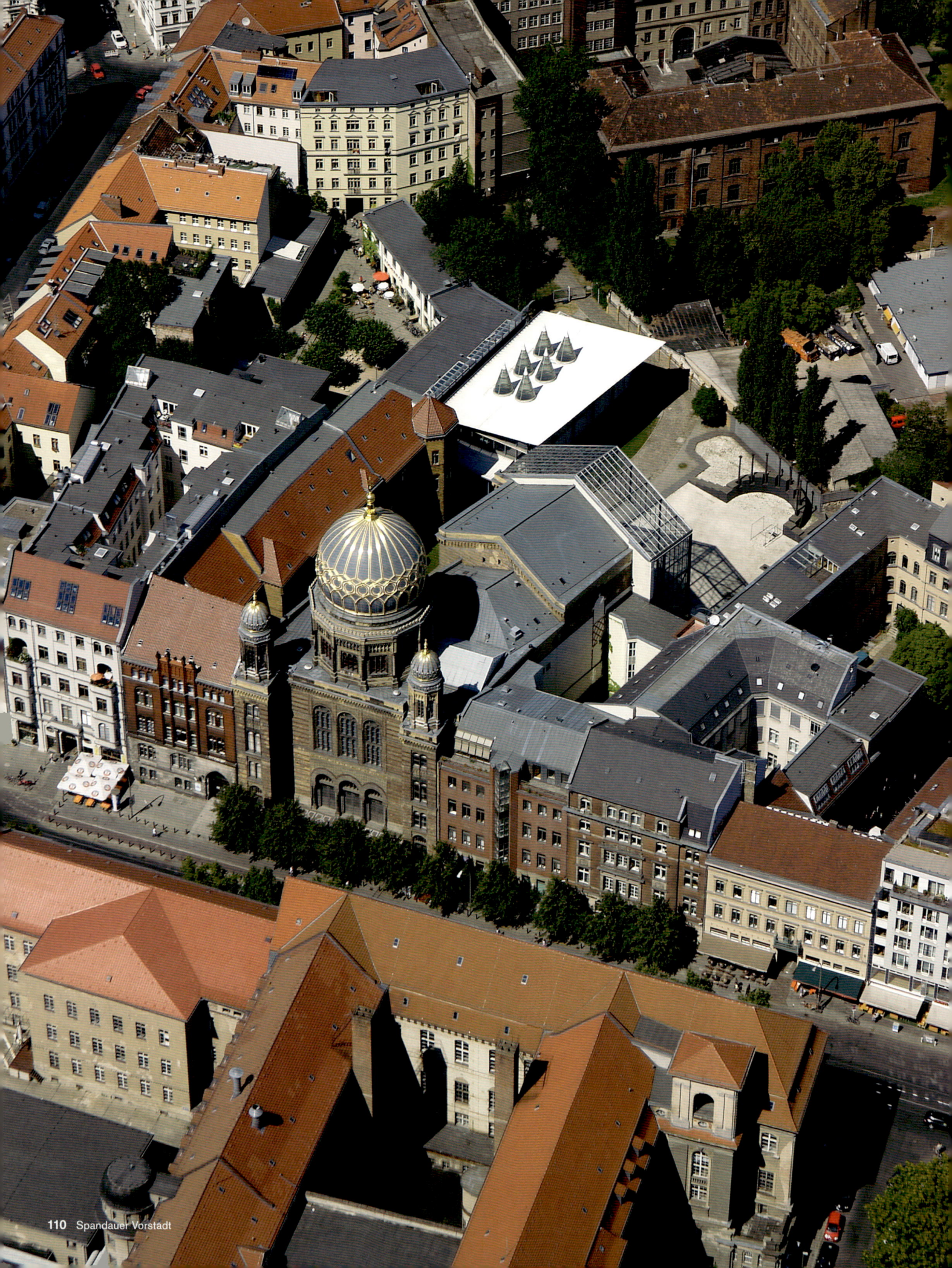

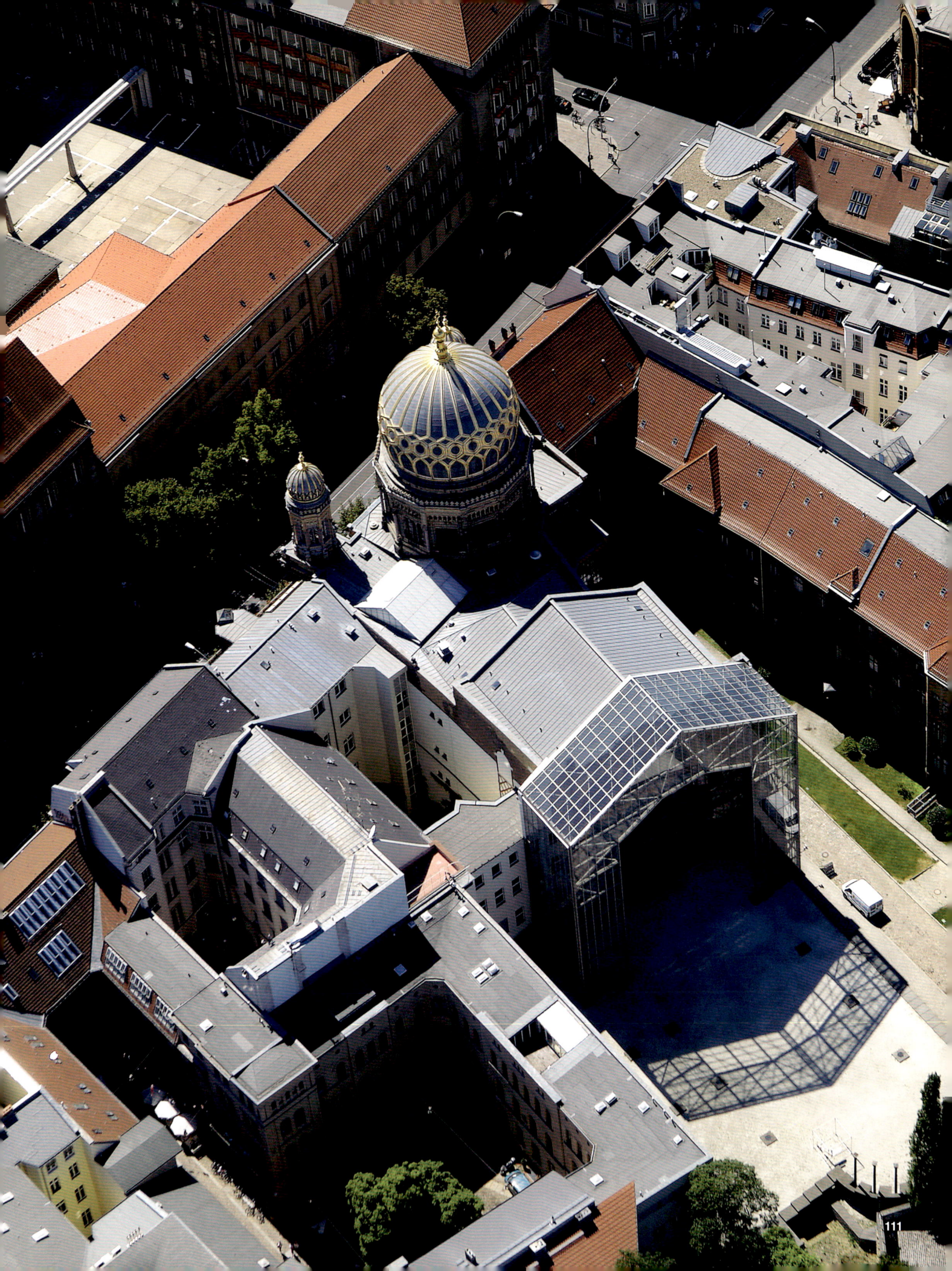

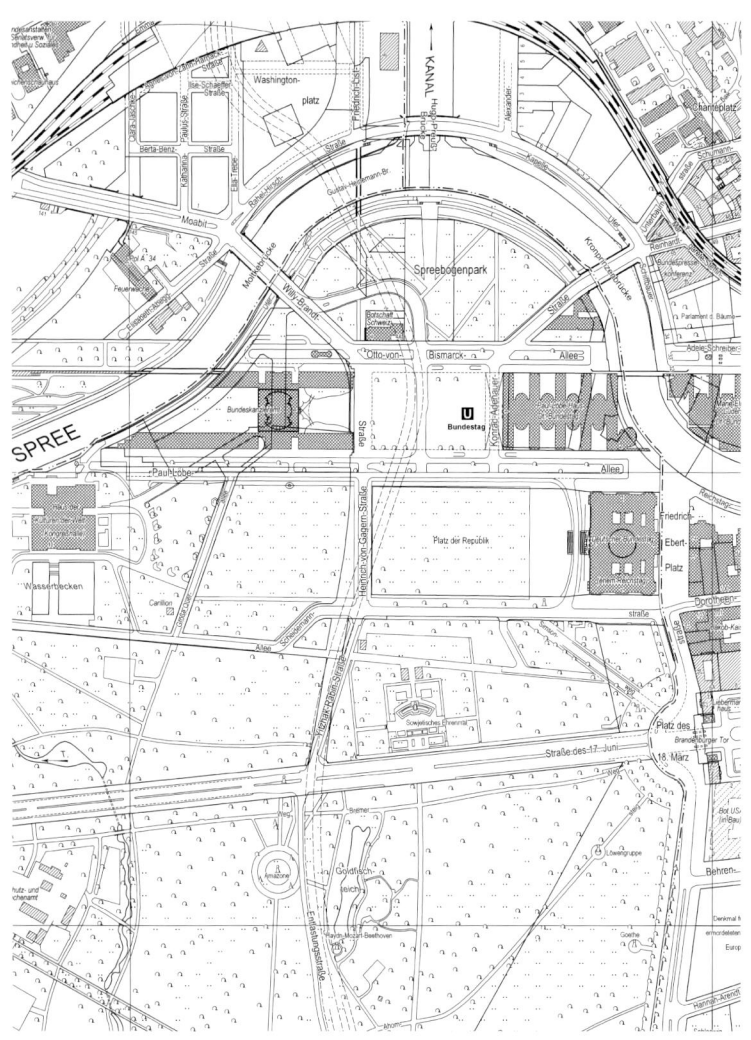

Die Gebäude des neu errichteten Regierungsviertels nördlich des Reichstags haben einen innerstädtischen Raum neu definiert, der vor dem Krieg als Alsenviertel bekannt war und damals zu den vornehmsten Wohngegenden Berlins gehörte. Benannt wurde dieses Quartier nach der dänischen Insel Alsen, deren Eroberung im Jahr 1864 den Sieg Deutschlands im Deutsch-Dänischen Krieg entschieden hatte. Das ab 1867 errichtete Alsenviertel, in dem bis 1938 auch die Siegessäule ihren Standort hatte, etablierte sich rasch als repräsentative Adresse und wurde insbesondere nach der Gründung des Deutschen Reichs zum bevorzugten Wohnort von höheren Staats- und Ministerialbeamten. Die Errichtung des Reichstagsgebäudes im Jahr 1894 verschaffte dem Spreebogen eine nachhaltige Bedeutung als politischer Ort. Diesen Nimbus nutzte in den Dreißigerjahren auch Albert Speer für seine Neuplanung Berlins: Er hatte den Spreebogen als Standort der »Großen Halle« auserkoren. Für deren nie begonnene Errichtung wurde allerdings noch vor dem Ausbruch des Zweiten Weltkriegs mit Abrissarbeiten begonnen. Der Bombenhagel der Alliierten setzte das zerstörerische Werk fort; nach 1945 lagen die Reste des Alsenviertels in Schutt und Asche, lediglich die Botschaft der Schweiz war erhalten geblieben. Mit dem Mauerbau im Jahr 1961 wurde das an der Sektorengrenze gelegene Gelände zum Niemandsland, das erst nach dem Ende des Kalten Kriegs und der anschließenden Hauptstadtentscheidung des Bundestags wieder in den Fokus der Stadtplaner rückte. Da für eine Nutzung des Reichstagsgebäudes als Parlamentssitz votiert wurde, lag es nahe, auch die Neubauten für die Abgeordneten in der Nähe zu errichten und das Bundeskanzleramt in das Ensemble zu integrieren. Als »Band des Bundes« prägt nun eine Folge von modernen Großbauten für Regierung und Parlament das ehemalige, in einem fast perfekten Bogen von der Spree gerahmte Alsenviertel.

Spreebogen

0   300

52° 31' 23" Nord
13° 22' 20" Ost

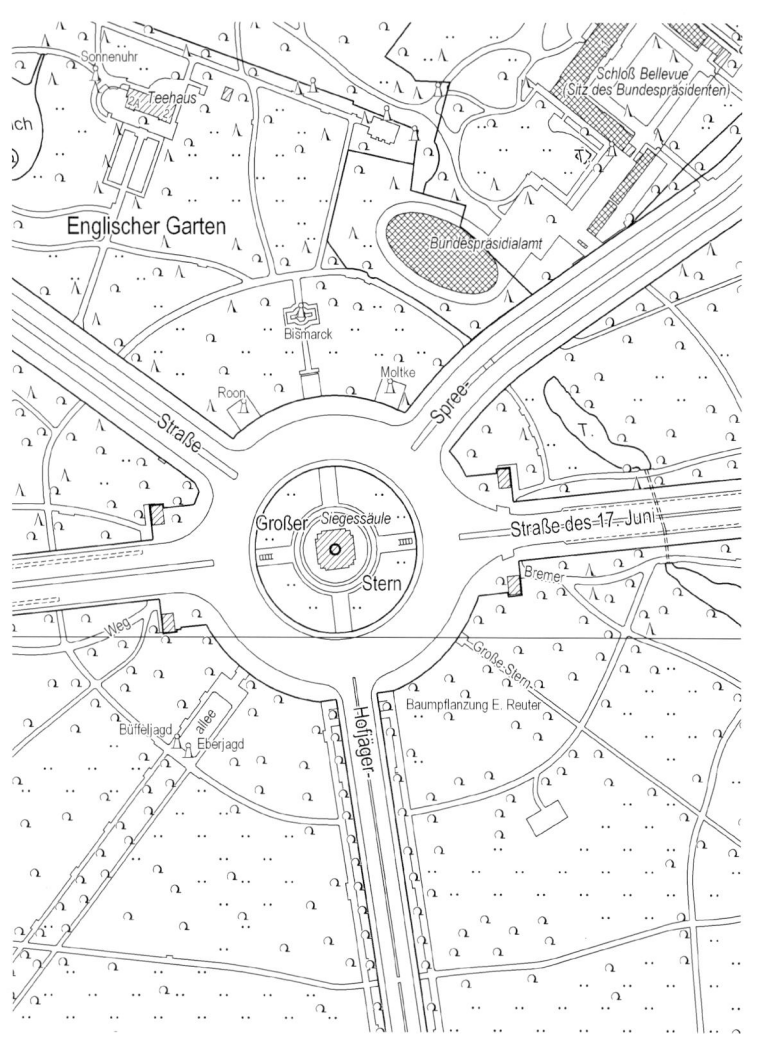

Der Tiergarten ist mit einer Ausdehnung von 210 Hektar einer der größten Parks in Deutschland und blickt auf eine Geschichte zurück, die mit den jagdfreudigen brandenburgischen Kurfürsten des 16. Jahrhunderts beginnt. Diese ließen ein vorstädtisches Waldgebiet einzäunen und mit Wildtieren für herrschaftliche Jagdvergnügen besiedeln. Erst König Friedrich II. ordnete an, die dicht bewachsene, unkultivierte Wildnis zu einem zum Lustwandeln und Verweilen einladenden Park umzugestalten. Der nach Plänen des Hofarchitekten Knobelsdorff im Stil des französischen Barock angelegte Tiergarten wurde später von Peter Joseph Lenné in einen Landschaftsgarten nach englischem Vorbild verwandelt; einige Elemente der ersten Planung sind jedoch bis heute vorhanden. Dazu gehört die in den Dreißigerjahren modernisierte heutige Straße des 17. Juni, die früher die Residenz mit dem Schloss Charlottenburg verband und sich über die Jahrhunderte zu einer der wichtigsten städtischen Verkehrsachsen entwickelt hat. An seinen Grenzen zur dicht bebauten Stadt zeigt sich der Park auf unterschiedliche Weise. Sein westliches Ende wird vom 1786 errichteten Schloss Bellevue geprägt, das heute als Amtssitz des Bundespräsidenten dient und um den Neubau des Bundespräsidialamts ergänzt wurde. Das unweit davon gelegene, 1957 fertiggestellte, dem Leitbild der Moderne entsprechende Hansaviertel hingegen verbindet den naturhaften Charakter des Parks mit urbanen Qualitäten und lässt die Grenze zur steinernen Stadt verschwimmen. An seinem südlichen Rand geht der Tiergarten in die lockere Villenbebauung des Botschaftsviertels über, das neben wenigen Altbauten hauptsächlich aus neuen Solitärgebäuden für diplomatische Repräsentanzen und Institutionen besteht. Den Anschluss an das westliche Berlin leistet das neue KPM-Quartier, das jenseits des Stadtbahnviadukts entstanden ist und ähnlich wie das Klingelhöfer-Dreieck am südwestlichen Ende repräsentative Wohn- und Geschäftsgebäude vereint.

Tiergarten

0 — 150

52° 30' 48" Nord
13° 21' 30" Ost

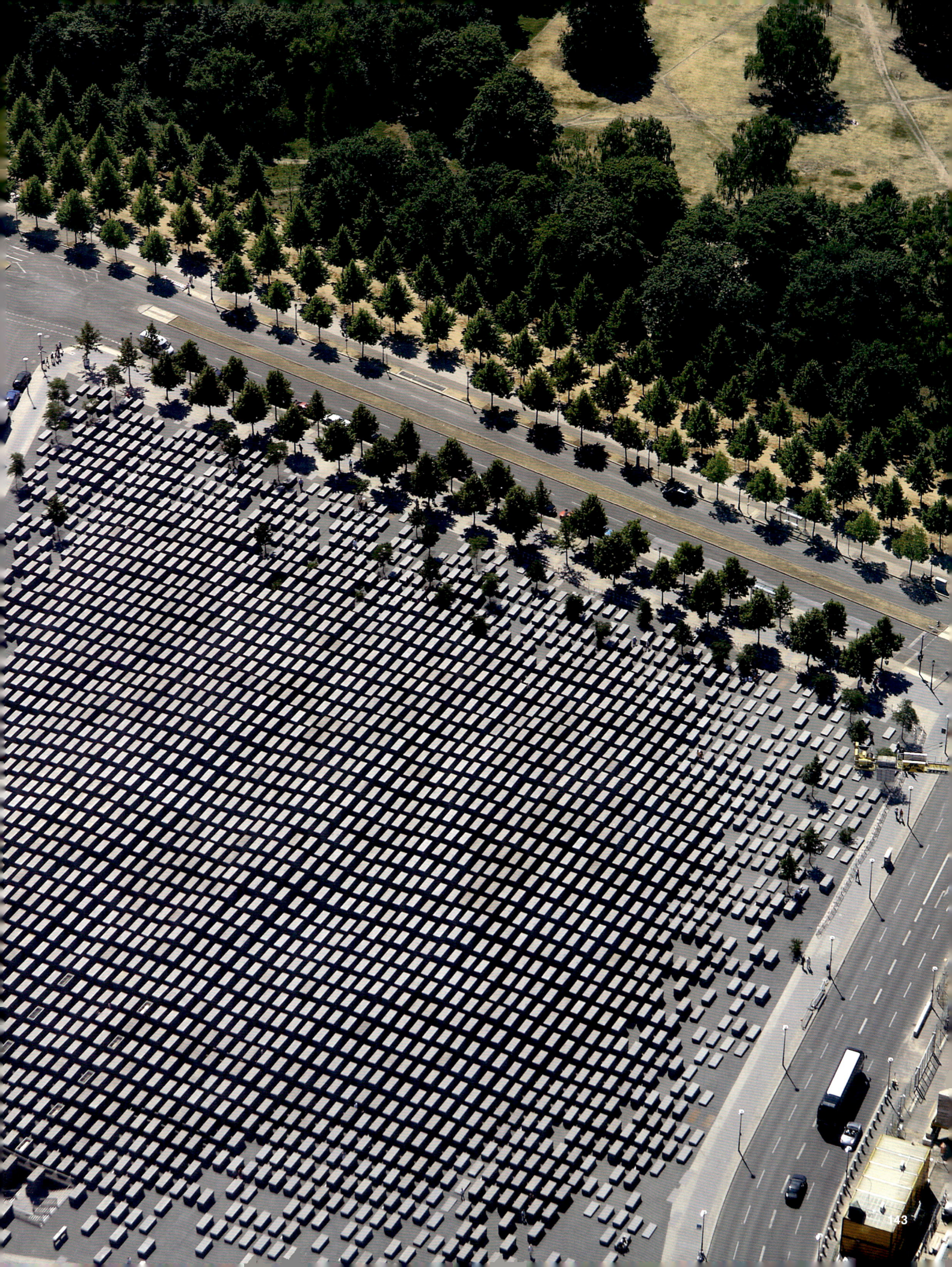

Cornelia Dörries
Jg. 1969, freie Journalistin. Soziologiestudium in Berlin und Manchester, zahlreiche Veröffentlichungen und Publikationen im Bereich Stadtentwicklung, Architektur und Innenarchitektur.

Philipp Meuser
Jg. 1969, Architekt BDA und Autor. Architekturstudium in Berlin und Zürich. Veröffentlichungen und Vorträge zu Städtebau und Architektur. Gemeinsam mit Natascha Meuser eigenes Architekturbüro in Berlin.

Die *Deutsche Bibliothek* verzeichnet diese Publikation in der *Deutschen Nationalbibliografie*. Detaillierte bibliografische Daten sind im Internet über *http://dnb.ddb.de* abrufbar.

ISBN 978-3-938666-79-1

© 2009 by DOM publishers, Berlin
www.dom-publishers.com

Dieses Werk ist urheberrechtlich geschützt. Jede Verwertung außerhalb der Grenzen des Urheberrechtsgesetzes ist ohne Zustimmung des Verlags unzulässig und strafbar.
Dies gilt insbesondere für Vervielfältigungen, Übersetzungen, Mikroverfilmungen sowie die Einspeicherung und Verarbeitung in elektronischen Systemen. Die Nennung der Quellen und Urheber erfolgt nach bestem Wissen und Gewissen.

Abbildungsnachweis
Akademie der Künste, Peter-Friedrich-Archiv, P–Fried–3–Pl. 2: 20/21; Landesarchiv Berlin: 8/9, 10/11, 12/13, 14/15, 16/17; Nachlass Rudolf Wolters, Coesfeld: 18, 19; Pietro Savorelli, Florenz: 24/25, 53, 95; Senatsverwaltung für Stadtentwicklung: 22/23, 26/27, 30, 38, 48, 54, 60, 78, 84, 92, 106, 116, 126

Lektorat
Uta Keil

Gestaltungskonzept
Daniela Donadei

Grafische Umsetzung
Nicole Wolf